世界一カンタンな
SNSマーケティングの教科書

TikTokで人を集める、モノを売る

中野友加里

河出書房新社

TikTokで人を集める、モノを売る

世界一カンタンなSNSマーケティングの教科書

中野友加里

はじめに

皆さん、TikTokというSNS（Social Networking Service）を知っていますか？

なんとなく聞いたことがあるかもしれません。「なんとなく若い人の間ではやっているっぽい、短めの動画を投稿するSNS」みたいな感覚でしょうか。

ある意味ではおおむねその通りです。しかし、その感覚は大間違い、とも言えます。

TikTokは、「いま一番世界でバズってるSNS」であり、「いま一番ビジネスチャンスがあるSNS」でもあります。そしてその流行は、いわゆる「若い人の間」にとどまらず、代表的なSNSの中でも最大瞬間風速を記録するような、一大ムーブメントになりつつあります。

私から見ると、TikTokは一言で言うなら、**おもしろければ素人にも一発逆転のチャンスがある、夢のあるSNS**だと思っています。

YouTubeをはじめとする動画投稿プラットフォームはすでに飽和状態で、新たに始めてチャンネル登録者数を拡大するのは非常に難しい状況です。Twitter

やInstagramといった他のＳＮＳもその状態に近く、普通の人が思いつくようなことは、すでに影響力を持っている人がリアクションを独占するという構図になっています。

その点、TikTokは違います。比較的新しいＳＮＳのため競合も少ないうえ、既存のＳＮＳに比べてまだコミュニティが成熟しきっていません。そして何より、まだ確固たるビジネス利用法が出来上がっていないのです。**よそのＳＮＳで伸び悩んでいる人や会社でも、TikTokならばチャンスが存分にある**と言えます。

TikTokは、そもそものシステム上、ビジネス利用しやすいＳＮＳです。のちほど詳しく説明しますが、YouTubeなどにありがちな「せっかく作ったのに誰にも見られない」ということが起こりにくくなっていますし、ひたすら拡散しやすいシステムになっていて、拡散力がすごいのです。とにかく投稿者に優しいのです。

無名の発信者が投稿した動画が一気に１００万回再生されるなど、素人が「時の人」になる例も増えており、素人にも平等にチャンスが与えられたＳＮＳだと感じます。

「それがYouTubeとかＳＮＳの特徴だろ？」と思われる方、試しに今から新しく始めてみればわかりますが、既存のＳＮＳはもはや新規参入者が人気者になるにはハードルが上がりすぎています。ここのところの1、2年でよりその傾向が強くなったと感じます。何か伝えたいことがある人や、ＳＮＳに挑戦して何か成し遂げたいことがある人は、今こそぜひTikTokにトライしてみるべきです。

TikTokの強みは、なんといっても低コストで爆発的なバズを狙えることです。求人・販売・採用など、その利用方法は多岐にわたります。

今までは、他の手段で大きな影響力を得ようと思った場合、莫大な資金を投入し、テレビＣＭなどを用いてマス層に訴えかけるしかありませんでした。販売促進しようと思ったら、すでに知名度がある大手百貨店などと提携する必要もありました。

しかしTikTokが登場した現在は、テレビＣＭや百貨店に頼らなくても、会社や個人が一発逆転を狙える時代です。TikTokを利用して低コスト・ノーリスクで動画投稿することで、人が来なかった個人経営のカフェに行列ができ、誰も使っていなかった商品が売り切れるということは往々にして起こるのです。

資金力に乏しかったり、積み上げてきた知名度もない弱小企業や個人でも、SNSの力で一発逆転することが可能なのです。

この本を手に取っていただいた方にも、「TikTokって聞いたことはあるしはやっているらしいけど、それをどうビジネスに活用したらいいのかわからない」という方は多いと思います。もちろん、「自分はバリバリTikTokを使いこなしている」という人もいるかもしれませんが……。

他のウェブコンテンツならば、ビジネスに活用する方法についての本はすでにいろいろなものが出ています。たとえば、公式サイトの作り方、「Twitterでのマーケティング」とか、Facebookでターゲットを絞り込んで広告を出稿する方法などです。書店によっては専門のコーナーを設けているところもあるでしょう。

しかし、ビジネスでTikTokを効果的に活用する方法についての本に関しては、体系立てて書かれたものがまだほとんどないのが現状です。

これを書いている私ですが、2社の広告代理店を経営しつつ、複数の、それも名前を聞けば誰もが知っているような大きな企業のTikTok運用やコンサルティングを行っています。TikTokが日本で流行し始めたかなり初期の段階から、TikTokを使った新規ビジネス開拓支援や企業認知度向上、動画を用いたリアルイベントの運営など、TikTokを活用したマーケティング・広告の可能性にいち早く目をつけ、ビジネスとして展開してきました。この本では、私がゼロから作り上げた、TikTokアカウント運用ノウハウをはじめ、ＳＮＳや動画で人を集めたり、モノを売ったりするのにはどうすればいいのか？　人の心を摑《つか》んで購買に結び付けるにはどうすればいいのか？をやさしく丁寧に解説していこうと思います。

私は、TikTokの力で実演販売の世界から飛び出し、飛躍的に成長することができました。

実演販売とは、目の前のお客さんに商品の魅力を伝えるセールス方法で、お店に足を運んでくれた人に語りかける販売手法です。たとえばスーパーマーケットなら、その日そのスーパーに来てくれたお客さん、せいぜい１００名くらいを相手にするのが、どんなに頑張っても限界でした。

これまで培ってきた販売トークを応用し、TikTokで発信するようになってからは、一気に１００万人のお客さんを相手にできるようになった感覚があります。動画という自分の分身を作り出すことで、分身が自分に代わってセールスし続けてくれるのです。

初めてのＳＮＳへの挑戦でしたが、反響の大きさに驚き、今でも画面越しに「何人のお客さんに届くんだろう」とワクワクしながら動画投稿を続けています。10年のキャリアで積み上げてきた「対面で営業する」という常識が、TikTokを始めたこの1年で塗り替えられてしまいました。

またコロナ禍というご時世にあっては、「店に人が来ない」「ものが売れない」「採用できない」といったご相談もよく耳にします。

これまでの常識が通用しない時代に突入していますが、私はTikTokこそが、多くの企業や個人を救う存在だと考えます。対面で１００人しか相手にできなかった私が１００万人を相手にできるようになったように、TikTokを利用すれば数千～数万倍のお客さんを相手にできるのです。

リアルの世界での行動が制約される厳しい情勢ですが、ＳＮＳを活用できることはむしろチャンスと捉え、積極的に発信していく姿勢が求められていると思います。

さあ、「TikTokはもはや「若者だけのもの」でもなく、「なんだかわからない動画がはやっているやつ」でもありません。チャンスの海です。私が一からご案内します。他のどのＳＮＳでもなく、TikTokにこそ大チャンスが転がっている理由をこれからご説明していきましょう。

⁄⁄⁄ 本書は2021年9月末現在の情報をもとに執筆されたものです。
これ以降のURLの変更やソフトウェア、OSのバージョンアップによっては、
本書記載の情報と事実が異なる場合があります。
本書を利用したことによって生じた障害について、
河出書房新社および著者権者はいかなる責任も負いません。

⁄⁄⁄ 各SNSアカウントのフォロワー数、いいね数などは
すべて2021年9月末現在のものです。

⁄⁄⁄ 本書に記載している会社名、商品名、プログラム名などは
各社の登録商標または商標です。

もくじ

TikTokで人を集める、モノを売る

世界一カンタンなSNSマーケティングの教科書

第1章 TikTokのすごさを知る
世界で最も「バズってる」理由とは

第2章 TikTokを準備する

効果的に始めるには

第3章

TikTokで人を集める

誰にどうやって、何を伝えるのか？

第4章 TikTokでモノを売る 集めた人にどうやってモノを買わせるのか？

第5章

TikTokで人の心を掴む
「熱狂的なファン」を生み出すには

第1章

TikTokのすごさを知る

世界で最も「バズってる」理由とは

TikTokはビジネスに活かせるのか？

TikTokは今、世界で最も「バズってる」SNSです。

SNSとは、ウェブ上で社会的なつながりをもたらしてくれるサービスで、スマートフォン（以下スマホ）の普及により爆発的に広がり、なお拡大を続けています。世界的に有名なSNSには、Facebook、YouTube、WhatsAppなどがあり、日本ではLINE（単なるメッセージングサービスとして利用している人が多いと思いますが、分類としてはSNSに入ります）に馴染《なじ》み深い人がほとんどだと思います。短文投稿型アプリのTwitterや、画像共有型アプリのInstagramも、一度は使ったことがある人が多いのではないでしょうか。

SNSは、プライベートを充実させるツールとして重宝される一方、それぞれのユーザーがハブ（中継）となって他者発の情報を再発信できる機能（いわゆる「拡散」）を持つものが多いことから、ビジネス面での活用も進んでいます。広告を出稿して商品・サービスを宣伝するのはもちろん、企業としてSNSアカウン

図1. 性年代別メディア接触時間　2010年
東京地区

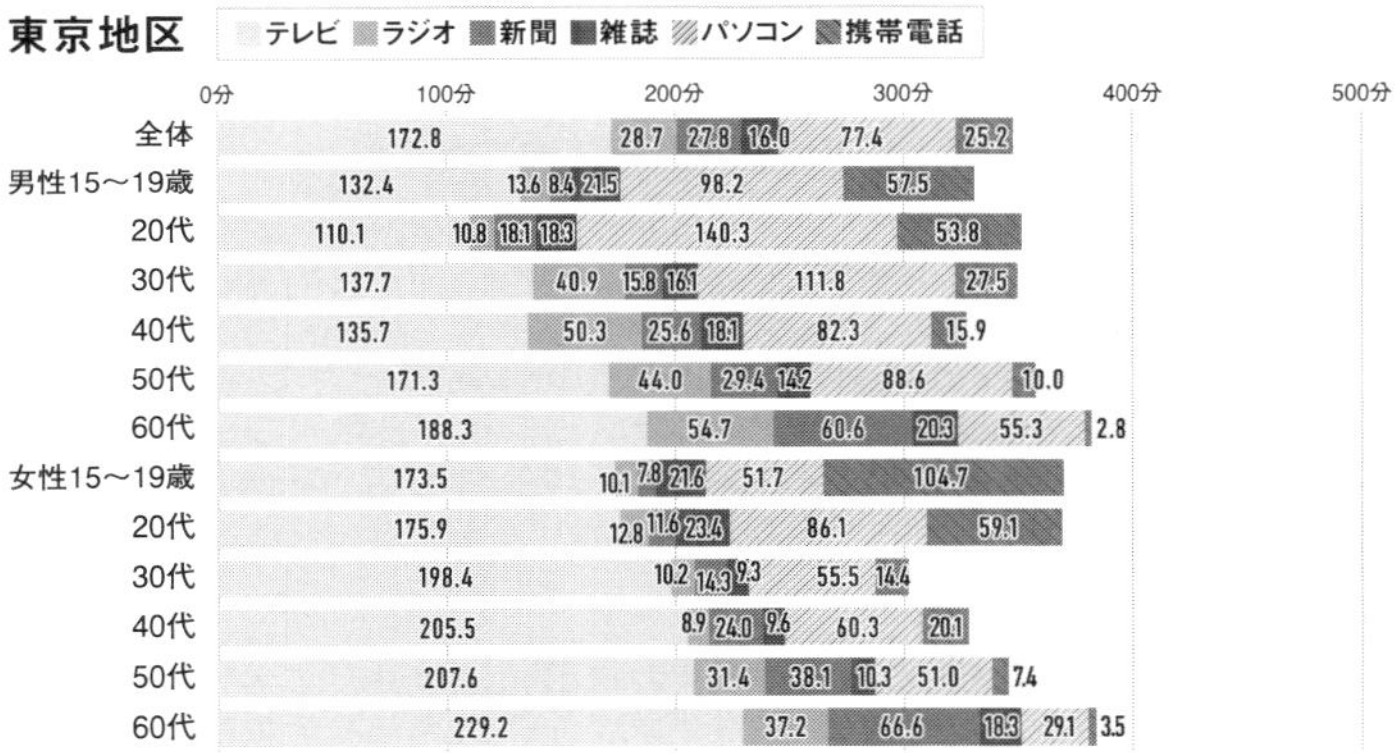

博報堂DYメディアパートナーズ メディア環境研究所「メディア定点調査2010」より作成

図2. 性年代別メディア接触時間　2021年
東京地区

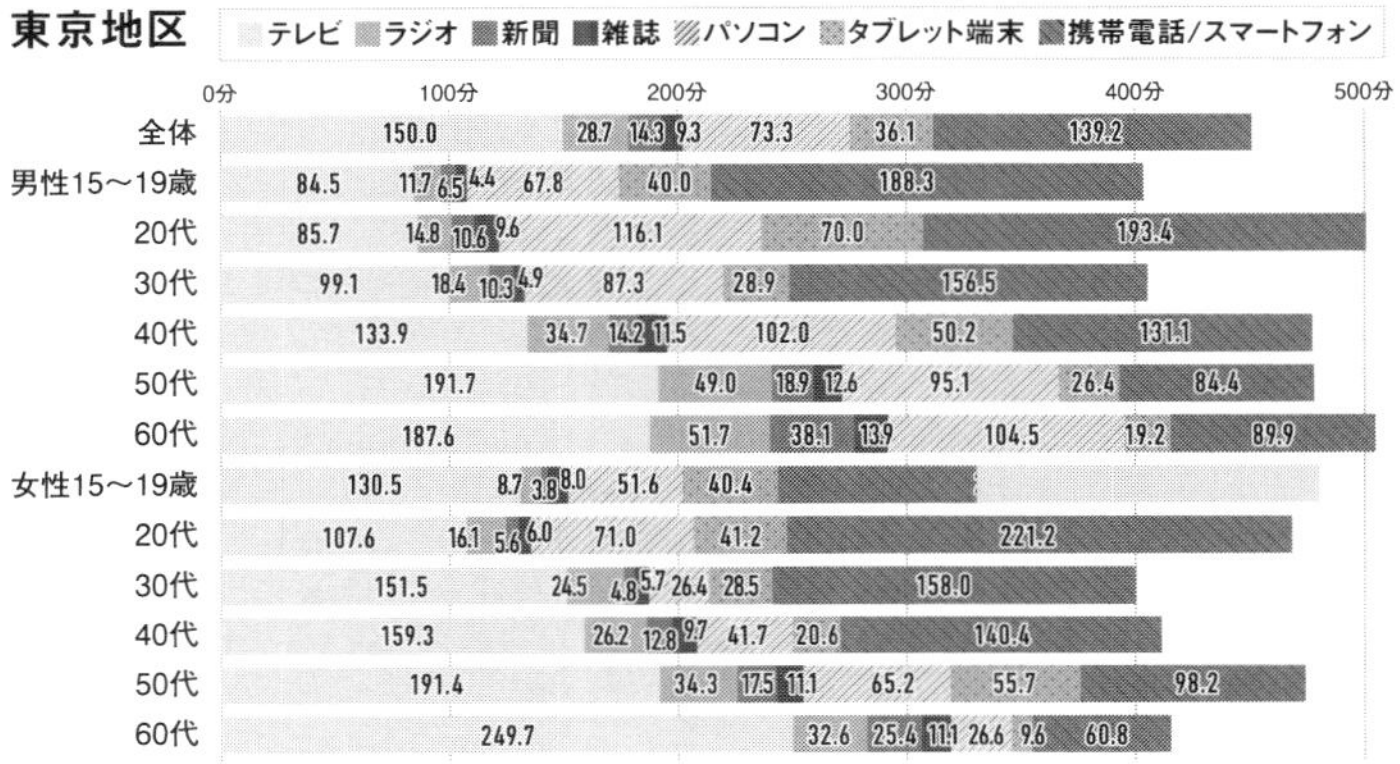

博報堂DYメディアパートナーズ メディア環境研究所「メディア定点調査2021」より作成

図3. スマートフォンのサービス別利用頻度

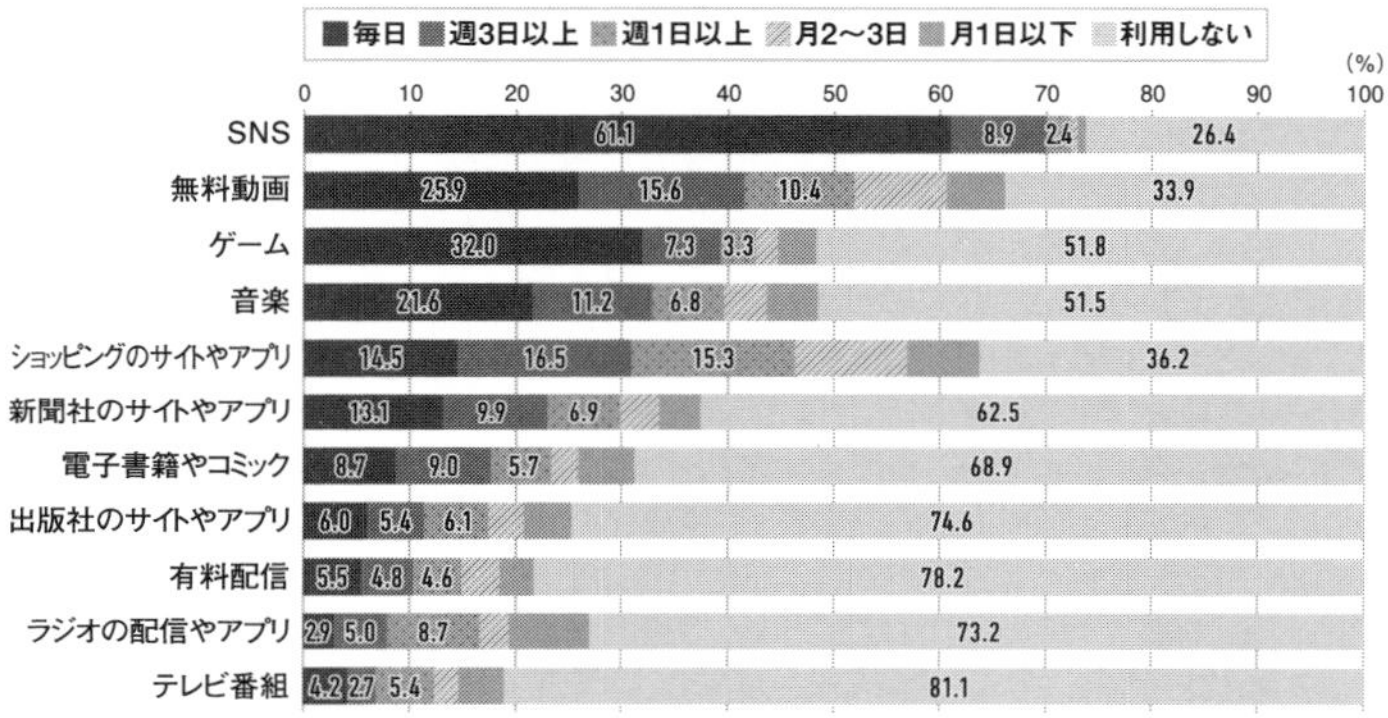

博報堂DYメディアパートナーズ メディア環境研究所「メディア定点調査2020」より作成

トを運営し、認知の獲得、ブランドイメージの向上、集客、人材採用に運用するなど、その利用方法は多岐にわたります。

そんなSNSの中で、最近**世界的に頭角を現しているのがTikTok**です。

この10年ほどで、SNSや動画共有サービスの利用者数は飛躍的に伸びました。博報堂DYメディアパートナーズの調査によれば、2010年の時点で生活者の第一接触メディアはほとんどすべての世代でテレビでした。しかし、2021年の調査では、若年層の第一接触メディアはスマホを筆頭としたデジタルメディアとなっています（図1、図2）。

スマホのサービス別利用頻度としては

図4. SNSの利用者と利用サービス

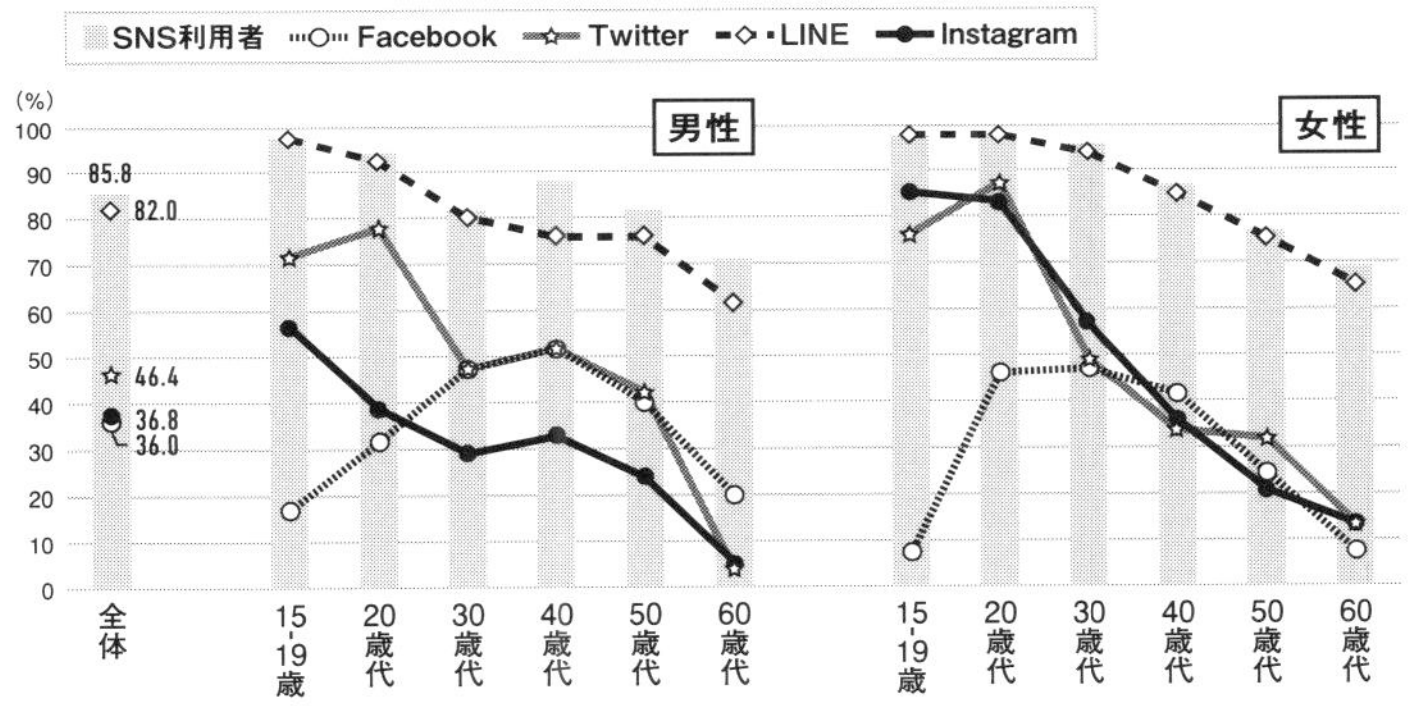

博報堂DYメディアパートナーズ メディア環境研究所「メディア定点調査2020」より作成

「SNS」が最も多く、「毎日利用する」と答えた人が61・1%、「週3日以上利用する」と答えた人を加えると70・0%にのぼります。また、次に多いのは「無料動画」で、「毎日利用する」と答えた人が25・9%、「週3日以上利用する」と答えた人を加えると41・5%となります（図3）。

この調査では、利用者数の多いSNSの上位4サービスとしてLINE、Twitter、Instagram、Facebookの四つが挙げられています。調査したスマホ利用者の85・8%がなんらかのSNSを利用しており、82・0%がLINE、46・4%がTwitter、36・8%がInstagram、36・0%がFacebookを利用しています。大まかに年齢層を分類すると、LINEは全年齢層で利用されており、若年層はTwitterの利用が多いのですが、女性に限れば20代ではTwitterとInstagramの利用者数の値は近くなっており、15〜19歳と30代ではInstagramの利用者数のほうが多い、という結果です。Facebookは中年層が利用者の中心です（図4）。

さて、この調査の中に含まれていないSNSがあります。それが「TikTok」です。TikTokは中国のByteDance社が運営するショートムービー配信アプリで、2016年に中国版がリリースされました。2018年には全米のApp Store無料アプリ部門で年間1位のダウンロード数となり、2021年には月間アクティブユーザーが全世界で10億人を突破しました。日本での月間アクティブユーザー数は2018年時点で950万人以上で、20代や30代の女性がメインユーザーとなっています。一言で言ってしまえば、**今一番「伸びている」SNS**です。

日本では、リリース直後は、単に若者たちの間のみで一時的に流行しているものだと見られ、ビジネスに結び付けられることはありませんでした。しかし現在では大企業から個人まで、TikTokをビジネス的観点で利用しようと、各々模索を続けています。その利用者数の伸びが決して無視できるものではなくなってきたからです。まったく同じ流れを、初期のウェブサイトも、TwitterもYouTubeもたどってきました。

では、そもそも、数あるSNSの中で、今なぜ他のSNSではなく、TikTokに目をつけるべきなのか。そこにはいくつかの理由があります。まずはそこから、噛《か》み砕いてお話をしていきたいと思います。

成長しているのに競争相手が少ないのがすごい

TikTokが現時点で、他のSNSに比べて間違いなく「すごい」と言い切れるのは、**「ユーザー数の伸び」「流行度」**です。それっぽい言葉を使えば、世界で一番「バズってる」SNSだということになります。

つまり、こういうことです。世界で流行の最先端にあって、ユーザー数がどんどん伸びているのに、まだ公式にビジネスに活用できている企業が少ない。ということは、**成長しているのに競争相手が少ない**ということですよね。たとえばTwitterなら、もう公式アカウントを開設していない企業を探すほうが難しいかもしれません。YouTubeも、プロのYouTuberたちがユーザーを奪い合っていますから、今からいきなり参入したところで、投下したコストに見合うリターンを得るのはかなり難しいと思います。

これがTikTokならば、まだ参入する余地がいくらでもあるのです。もちろん、20〜30代の女性から絶大な支持を得ている、という形でターゲットがハッキリしているのも大きなメリットです。ここまではなんとなく理解している方が多いと思います。

しかし、TikTokがよりビジネスに向いている理由は、単に先行者利益が、とか、ユーザー層が、とかいう部分だけではなく、もっと根本的な部分にあります。TikTokの最大の強みは、TikTok自体のシステムそのものにこそあるのです。

「プッシュ型」と「プル型」のハイブリッドがすごい

まず、**TikTokは「拡散されることに特化した」動画配信SNS**である、ということです。

図5. プッシュ型広告

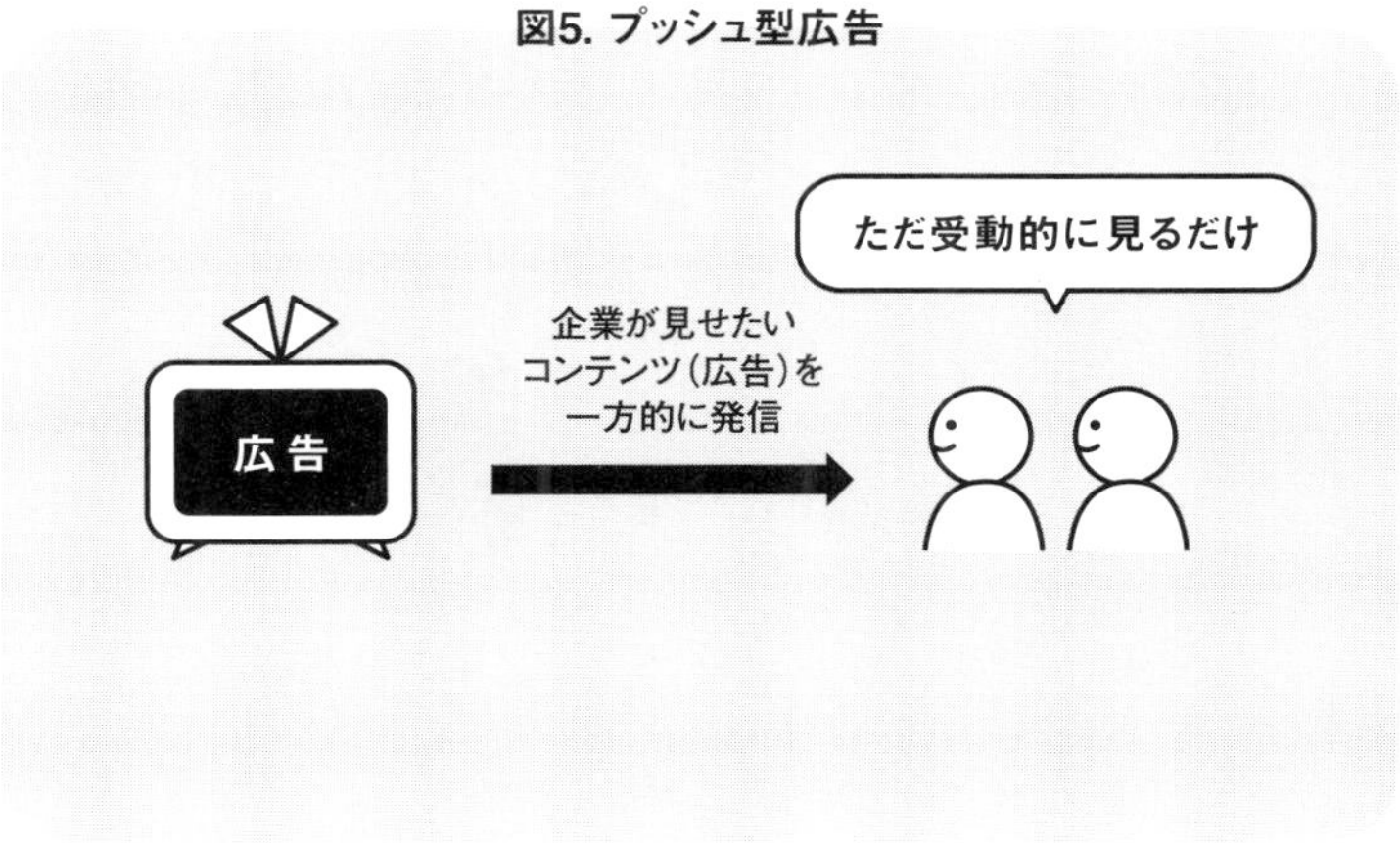

たとえば最大手の動画配信サービスである YouTube は、そもそも「動画を共有するための置き場」としてスタートしています。それは現在でも変わっておらず、基本的な考え方は「たくさん再生される動画を、多くの人の目に触れるところや『あなたへのおすすめ』に置いておけば、さらに多くの再生数が稼げる」というものです。

広告の種類には「プッシュ型（企業が主体となって発信し、顧客は受信するだけの広告。テレビCMや新聞広告など。図5）」と「プル型（顧客が自発的に興味を持ちサービスを利用・拡散する広告。リスティング広告や自社ウェブサイト、SNSなど。図6）」というものがありますが、YouTube は典型的な「プル型」

図6. プル型広告

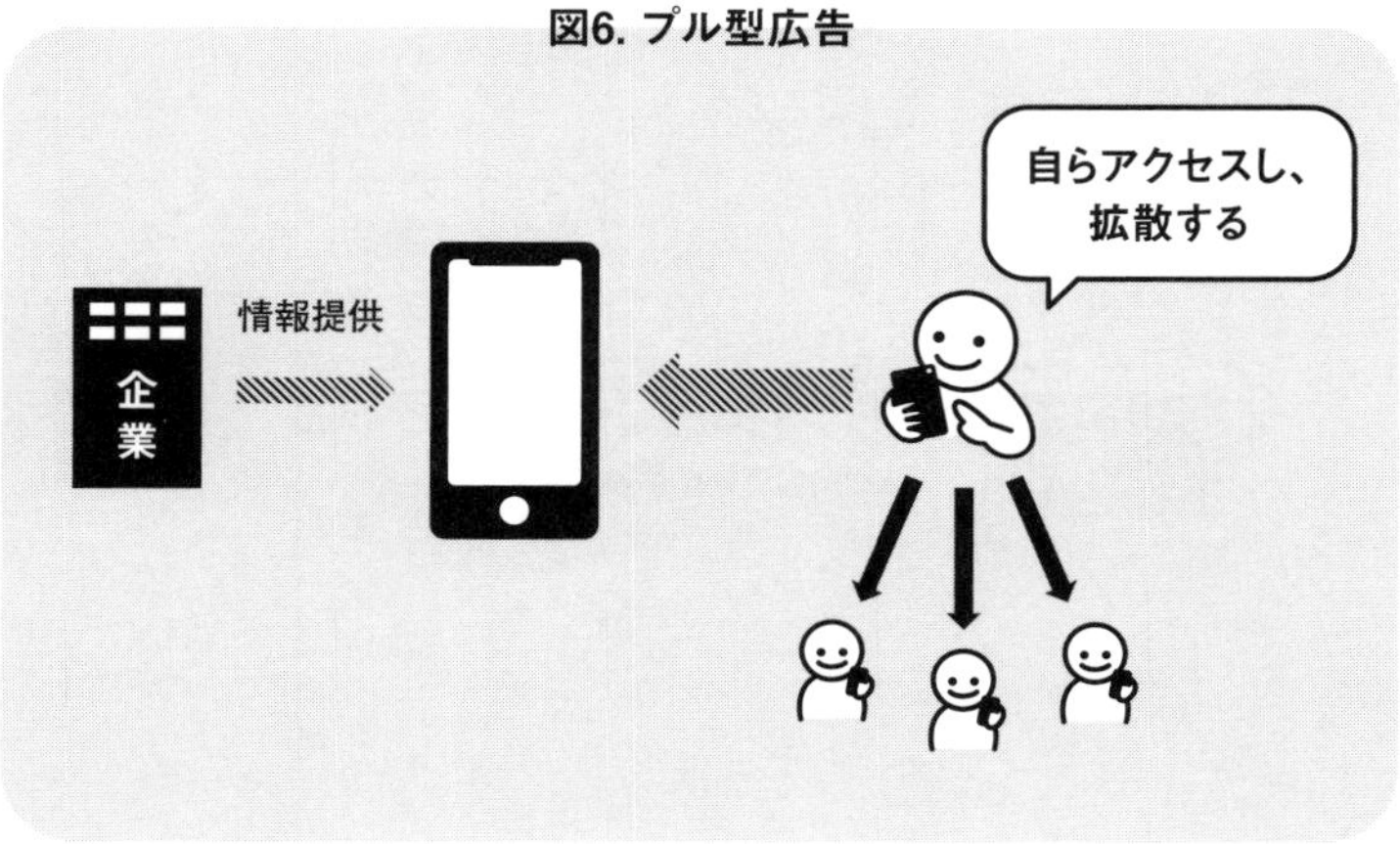

のサービスと言えます。

「広告主が見せたいコンテンツを見せる」という意味では「プッシュ型」のほうが理想的なのは当たり前ですので、旧来の広告はずっと「プッシュ型」が主流でした。そもそも、広告に触れた人がそれを拡散しようにも、その手段がなかったのです。

こうして広告の受け手側があまりにもプッシュ型広告に慣れすぎたせいで、プッシュ型広告の威力は相対的に下がってしまいました。現在の広告の世界のトレンドでは、「プル型営業」のほうがイケてる、とされており、多くの人が「プッシュ型からプル型へどう移行するか」みたいなことを言っている、という状態です。

図7. プッシュ型とプル型のハイブリッド

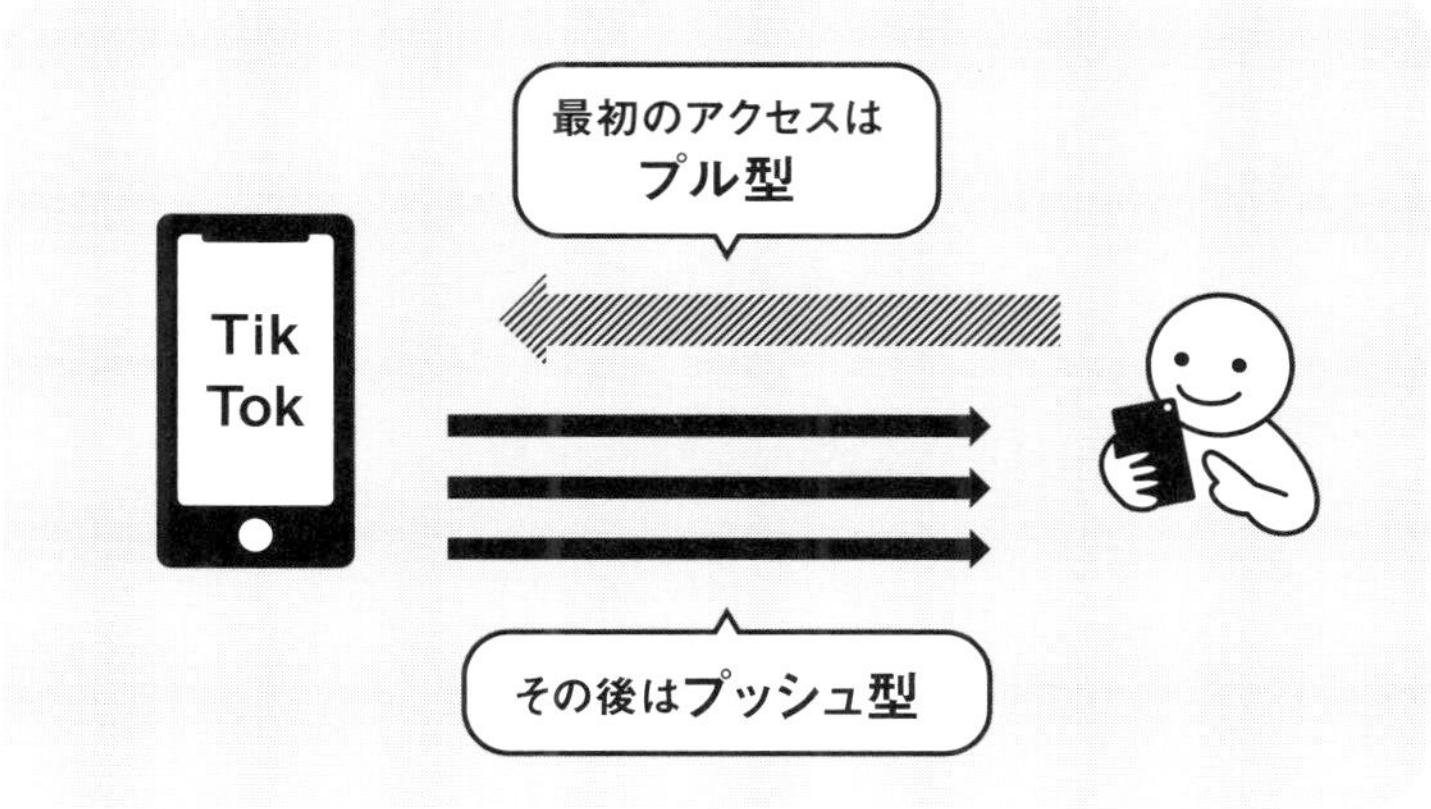

TikTokは、「単なるプッシュ型広告」でないことはもちろんですけれども、実は完全な「プル型」でもありません。あえて言えば、**「プッシュ型とプル型のハイブリッド」です。ここがTikTokと他のSNSとの大きな違い**なのです。

YouTubeでも雑誌でも、最初の一手、つまり真っ先に触れるコンテンツは消費者が自分で選ばなければいけませんが、**TikTokは初手の段階で、アプリを立ち上げさえすれば、わざわざ見たいものを検索しなくても、勝手に動画が流れてくる**のです。

「探さなくても勝手にコンテンツが流れてくる」というのはつまりテレビCMと同じなので、ここだけ見れば典型的な「プッシュ型」なんですよね。

もちろん「プッシュ型」にも「プル型」にはない優れているところはあって、つまり**「せっかく作ったのに誰にも見られない」**ということが起こらないのです。

どんな動画でも、たとえつまらなくても、必ずある程度の回数は再生されるシステムになっています。TikTokのＡＩが勝手に視聴者に届けてくれるわけですね。

私の体感としては、最初の３００再生くらいは保証されているイメージです。

たとえばYouTubeで、誰もファンがついていない状況で、３００再生される、というのは、実はなかなか高いハードルです。それ未満の再生数の動画はいくらでもあります。

さらにTikTokの場合、そこから先は拡散されるための最適な導線が作られているため、**「おもしろいのに人の目にまったく触れない」ということが他の媒体に比べて圧倒的に少ない**のです。

動画を投稿するなら、できるだけ多くの人に見てもらいたいですよね。そのためには、ファンが少ない時期の初動がかなり大事になってきます。特にビジネス利用で即座に数字が求められる投稿者にとっては、TikTokはかなり心強いプラットフォームと言えるでしょう。

まず誰かに見てもらえさえすれば、そこから先の導線は拡散されることに最適化されているため、動画がおもしろければ「プル型広告」のメリットも存分に享受することができます。動画のクオリティが必要とされること以外に、動画を見つけてもらわなければならない他の媒体と比べて、TikTokは、ユーザーにとっては見たい動画を勝手におすすめしてもらえる、投稿者にとっては興味のある人に勝手に動画を見てもらえるうえに拡散までしてもらえる、**win-winのSNS**ということになりますね。

拡散力と認知度がすごい

「拡散」というワードが登場しました。ビジネス目的で「SNSを利用したい」という案が出たときに、どんな上司でも「頑張って拡散されるようにしてくれよな」というようなことを言うと思います。そう、せっかくSNSを使ってビジネスをやろう、と考えるときには、「拡散」ということを狙っていくのは当然のことです。

かつて、ブログからはブロガー、YouTubeからはYouTuberと呼ばれる、「その媒体出身のスター」が誕生してきました。そして、知名度や影響力を活かして広告収入を得るような人も現れ、中には他の媒体をも股にかけて活躍するような人々も現れました。今ではYouTuberは子どもの「なりたい職業ランキング」で上位に定着するようになりましたよね。

この流れは、10〜30代の若者の必須SNSとなりつつあるTikTokでももちろん同じです。**TikToker（ティックトッカー）と呼ばれるスターが続々と誕生**しています。

男性TikTokerのJunya／じゅんやさん（@junya1gou）は世界中から認知されているスターです。フォロワー数はなんと約3800万人、総いいね数は約6億となっています。彼の投稿する動画は、言葉を使わず、顔芸や物を使ったいわゆる「モノボケ」と呼ばれるジャンルであるため、言葉が通じない世界中のTikTokユーザーの間でも、受け入れられているんです。

2020年頃から海外での人気に火がつき、日本トップのフォロワー数を獲得するまでになっています。２０２０年９月にはYouTubeチャンネルを開設。１ヵ月足らずでチャンネル登録者数10万人を突破し、２０２１年４月中に８００万人を突破。１億再生を超える動画が複数あり、一気に日本のトップYouTuberの仲間入りを果たしています。

TikTokフォロワー数３０００万人を超えても未だに拡大を続けるJunyaさんの躍進は、TikTokの世界的な成長を象徴するものであると同時に、TikTokが単なる「一部で流行しているだけのローカルＳＮＳ」ではないことを示しています。

▲Junya/じゅんや(@junya1gou)さん「モノボケ」動画などで海外でも大人気となっている

日本のTikTokユーザーの間では、Junyaさんの存在を知らない人はいないくらいの大スターですし、その影響力は海外にまで及ぶようになっているのです。

彼ほどまでになるのはもちろん簡単なことではありませんが、TikTokを「お作法に則って」活用することで、あなたの企業やそのサービスの認知度が高まりやすくなるのは間違いありません。

実際、私ぐらいのフォロワー数でも(私は2021年9月末現在でフォロワー14万5000人ほどです)、街を歩いていると声をかけられることがあります。

新宿、渋谷、秋葉原といった繁華街を歩いていると、「TikTokの社長歴10年さんですか?」「いつも見てます!」「写真撮ってもいいですか?」という感じで、TikTokを見ていただいている方に声をかけていただけるんです。

TikTokユーザーの中には、もはやテレビなどのマスメディアに興味がなかったり、そもそもテレビを見るためのデバイス(機器。テレビやチューナー付きPCなど)を持っていなかったり、わざわざデバイスを切り替えない、あるいは自分がテレビのある部屋へ移動してまでテレビを見なかったりという人が多数います。

TikTokに限らず、スマホで情報収集や娯楽を完結してしまうことが可能だから

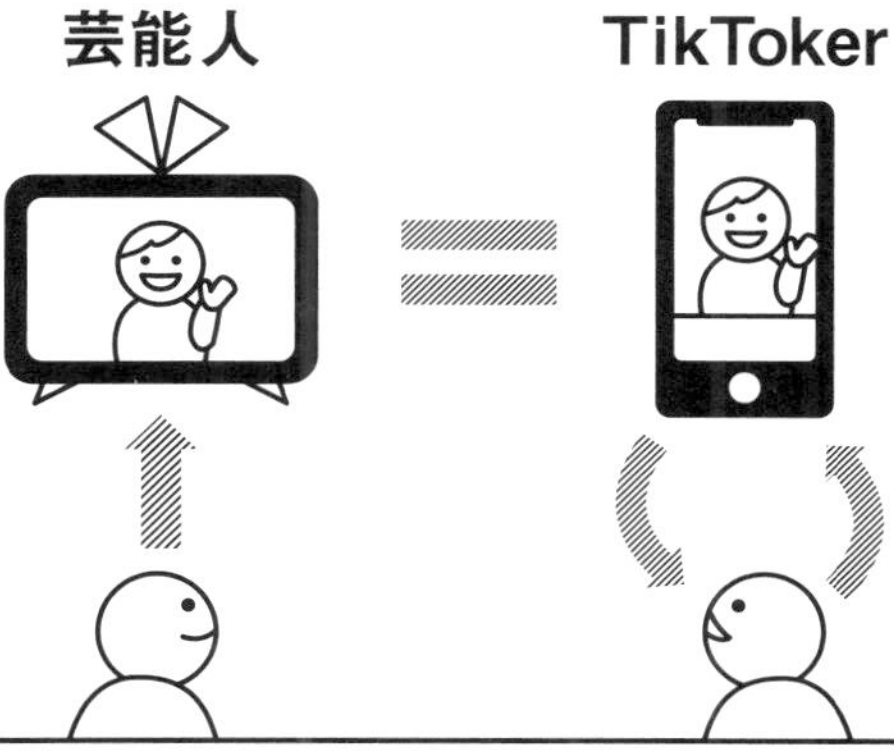

図8. TikTokerは芸能人と同じくらいの影響力を持つ

です。

SNSで情報収集や娯楽が完結してしまう（あるいは、させることが可能な）デジタルネイティブ世代にとっては、「ネットで見た人」は、デジタルをあまり活用していない世代にとっての「テレビで見た人だ」と同じような価値を持ちます。それはそうですよね、一番接触しているメディアによく出てくる人なわけですから。

テレビメディアにも出演するタレントさんたちがYouTubeの動画に多数出演している今、「TikTokで見た人だ」というインパクトは想像以上に大きく、場合によってはテレビを主戦場とする芸能人と同じくらいか、それ以上の影響力を持ち得るのです。

テレビとYouTubeとの間の垣根が低くなりつつある今、**まだテレビに出演していないがTikTokでは人気者、という人たちの価値、あるいは広告効果はコスト比で高い、**と言うことができますよね。媒体価値としては、現状ではTikTokよりもテレビやYouTubeのほうが高いとされている、つまりそこに露出するためのコストやハードルもテレビやYouTubeのほうが高いわけですから。

ところが実際には、テレビよりもYouTube、YouTubeよりもTikTokによく接触しているという視聴者はかなり多いわけで、こういう人々にとっては、テレビに出ている人もTikTokに出ている人も「よくスマホで見る人」という点で同じ意味を持つわけです。テレビに一切触れない人にとっては、「動画で見た」ということは、もうほとんど芸能人扱いになるわけです。

というわけで、私の場合はTikTokを通じてお仕事につながっただけでなく、一般のファンの方からの応援もいただけますので、TikTokという新しいSNSの魅力を強く感じています。フリーランサー、個人事業主、お店、中小企業、大企業は、TikTokをうまく活用することで、認知や「あの店に行きたい！　あの人に会いたい！」という人々の意欲を獲得していくことが今後ますます容易になっていくのです。

スマホで撮ってすぐ投稿できるのがすごい

投稿者側から見たTikTokの強みの一つとして、**アプリ上で簡単に動画を編集・投稿できる**点があります。

動画投稿と聞くと、素材となる動画を撮影し、切り貼りして、音声をつけ、テロップを入れ……と、大変な手間がかかると想像されるかもしれません。最初にテレビがそうなって、今やYouTubeも完全にそうなっていますからね。テレビでもYouTubeでも、動画を撮ること自体よりもこの映像・音声の編集とテロップの編集に時間とコストがかかります。そして、より密度の濃い動画を目指していけば自然とそうなっていくのです。

でもTikTokの場合、そもそもシステムが違うんですね。TikTokは本来が「**ショートムービー」に特化した動画投稿プラットフォームであり、長い動画でも3**

分で完結します。テレビ番組とTikTokの動画とでは、**書籍とTwitterぐらい違います。**

動画を投稿する際は、TikTokの公式アプリで直接、フィルター、エフェクト、動画の再生速度などを設定することができ、直感的な操作でムービーが作れる設計になっています。テキストを入れるのも簡単で、好みのタイミングで自由に文字を表示させることができます。もちろんフォントや色も複数用意されています。

またTikTokの動画編集機能が優れている点として、**「音源の豊富さ」**も挙げることができます。流行のJ-POP、K-POP、洋楽、ボーカロイドソング、その他有名アーティストの音源が多数用意されており、気軽に利用することができます。これはTikTokがJASRACと包括契約を結んでいたり、レコード会社と個別に契約を結んでいたりするためです。

YouTubeやニコニコ動画などのこれまでの動画投稿サイトでは、「音楽の著作権」がたびたび問題となり、動画サイトの影響を音楽業界でも無視できなくなった結果、権利関係を順次クリアしていったという経緯があります。かつては、有名でセンスの良いアーティストの音楽を個人が利用しようと思っても、簡単に利用できない制約があったのです。

その点TikTokは革新的というか、もう出来上がっているシステムの良いところをうまく利用しているというか、ユーザーに代わって運営会社が最初から利用契約を結んでいます。「どうせ使うだろうから、最初から使えるようにしておいたよ」ということですね。タイミングの問題も大きいですが、これは環境としてかなり恵まれていると感じます。

TikTokが契約している範囲内なら有名楽曲でも手軽に使えるので、動画のクオリティは格段に上がります。TikTokで「バズった」ことが原因で、ブレイクする楽曲も出てきており、「音声」の面からもTikTokは注目の媒体なのです。

検索しなくても、勝手にどんどん流してくれるのがすごい

動画を投稿するクリエイター側の利点はなんとなくわかっていただけたと思うので、次は動画を視聴するユーザー側の利点を詳しく解説します。

TikTokで動画を視聴する際は、「フォロー中」と「おすすめ」の二つの方法が

あります。「フォロー」とは、自分が気に入った動画投稿者をフォローしておくと、最新の動画があれば流れてくるという視聴スタイルです。Twitter や Instagram のタイムライン、YouTube のチャンネル登録に近い感覚です。

TikTok で特徴的なのはもう一つの視聴方法、「おすすめ」です。

TikTok では「おすすめ」を立ち上げると、自分の好みに沿ったショートムービーを紹介し続けてくれます。自動で紹介される動画は、**「これまでの視聴履歴」や「直近の視聴動画」のデータから、TikTok の AI がその人の好みに合った動画を推測して紹介している**と考えられます。この機能は YouTube にもあり、かなり優秀であるといわれていますが、TikTok のそれは**ユーザー側の取捨選択を容易にしている**という点で一歩先を行っていると感じます。

たとえば TikTok では、気に入らない動画や興味のない動画はスワイプして次に進みますが、すぐにスワイプされた動画は「興味がない」と判断されるものと思われます。反対に長時間同じ動画を繰り返し見続けた場合、ＡＩが「興味がある動画だ」と判定するのでしょう。

複数のスワイプと視聴を繰り返していくことで、徐々にユーザーが求めている

動画のジャンルの選別精度が高まっていきます。「このユーザーは猫動画を熱心に見ている」ということがわかれば、TikTokのAIは猫動画を次々と表示させます。「動物系」「おもしろ系」「ビジネス系」「エロ系」など、TikTokのAIが分類したジャンルに沿って、似た内容の動画を表示する仕組みになっているものと思われます。

とにかく一度使ってみると、いつの間にか自分の見たかった動画が繰り返し提案され、TikTokの「おすすめ」のすごさがわかると思います。

「おすすめ」をタップし、上にスワイプしていくとどんどんおすすめの動画が流れてくる

「フォロー中」タップするとフォローしているアカウントの動画のみが流れてくる

▲TikTokの画面
「おすすめ」に表示されているのは三和交通@TAXI会社さん（P102）。

運営会社の資本がすごい

TikTokを運営するのは中国の**ByteDance社で、世界でも屈指のユニコーン企業**です。ByteDance社はTikTokや、ニュースアプリのToutiao（トウティアオ）を運営しており、2012年に創業されました。2020年の売上高は、343億ドル（約3兆7800億円）で、前年比約2倍に伸びています。

「創業10年以内」「評価額10億ドル以上」「未上場」「テクノロジー企業」といった四つの条件を兼ね備えた企業をユニコーン企業と呼びますが、ByteDance社は世界トップクラスのユニコーン企業とされており、その評価額はなんと4000億ドル（約44兆5000億円。2021年9月末時点の日本円換算）との声も。日本には「評価額10億ドル」を超えるものすら少ない現状を考えると、ByteDance社の評価額、4000億ドルがいかに異次元かわかっていただけると思います。

ByteDance社はTikTokの運営会社として有名ですが、その本業はAI分野です。

スタートアップやテクノロジー企業、ベンチャーキャピタルに関する独自の情報を提供する機関「CB Insights」が選ぶ「AI分野のトップ100社」や、米国ビジネス誌『Fast Company』が選ぶ「最もイノベーティブな企業リスト」にも選出されています。資金力・技術力・政治力といった複数の側面から見ても、世界屈指のテクノロジー企業と言えるでしょう。

IT企業と聞くとアメリカのGAFA（Google、Apple、Facebook、Amazon）を思い浮かべる方が多いと思いますが、間違いなく今後、GAFAに追随する存在になっていくはずです。中国国内の中でも、BAT（Baidu、Alibaba、Tencent）の3強を脅かす存在となっています。

App Storeのダウンロード数トップなのがすごい

TikTokの普及率が高いことは**App Storeのダウンロード数ランキングでも確認することができます**。App Store（アップストア）とは、Application Store（アプリケーションストア）の略で、米アップル社がiOS上で使えるアプリケーションを

図9. 2020年スマートフォンアプリダウンロードランキング

順位	アプリ	（ダウンロード数）
1位	**TikTok**	8億5000万
2位	WhatsApp	6億
3位	Facebook	5億4000万
4位	Instagram	5億300万
5位	Zoom	4億7700万
6位	Messenger	4億400万
7位	Snapchat	2億8100万
8位	Telegram	2億5600万
9位	Google Meet	2億5400万
10位	Netflix	2億2300万

Apptopia「10 Most Download Apps in 2020 Worldwide」より作成

提供してくれる場です（混同されがちな単語として、Apple Store〈アップルストア〉がありますが、こちらは米アップル社のスマホやタブレット、ノートPCなどを買うことができる実店舗のことで、App Storeとは別の言葉です）。

調査会社Apptopiaが発表した、**2020年のスマホアプリダウンロードランキングでは、1位がTikTokで、ダウンロード数は8億5000万件。世界で最もダウンロードされたスマホアプリ**となり、その勢いがうかがえます。

なお1～10位は図9の通りです。

世界をコロナ禍が襲い、巣ごもり需要、リモート需要が高まった2020年でしたが、結果として伸びたのはTikTok、

Facebook、Instagramといった SNSアプリの他、WhatsApp、Zoom、Messengerといったコミュニケーションアプリが上位に並ぶこととなりました。

全体の順位を見る限り、外出して騒げない分、SNSで新たな居場所やつながりを求めた人がやや多く、従来の友人関係を維持することが目的と思われるアプリが次に続いた、という印象になりますね。完全に1人での時間つぶしや、家族での利用を前提としたものとしては、10位に動画配信大手、Netflixがランクインしています。

投稿するネタに困らないのがすごい

TikTokに多くの若者が集まる理由として、**投稿のハードルの低さ**も挙げることができます。

スマホで撮影し、そのまま加工や編集ができるという手軽さはもちろん、投稿する内容自体に悩むことがなくなるような仕掛けがあります。これがTikTokの「手軽さ」を強化しているのです。

TikTokでは日々、「これが今一押しですよ」というような、動画投稿の「型」が共有されています。

たとえば「A」というダンスがTikTokではやっていた場合、投稿者は「#Aダンス」とフラグを立て、動画を投稿します。「#Aダンス」を見た他の投稿者も、次々とダンス動画を投稿することで、TikTok内でAダンスがバズります。「#」はハッシュタグと呼ばれ、共通の投稿を示す目印になっています。

画面下部の「トレンド」をタップすればTikTok内で今人気があるハッシュタ

画面下部の「トレンド」をタップして、人気急上昇中のハッシュタグをチェックすれば投稿のネタに困らない

グの一覧が表示されます。ユーザーからすると、「トレンド」を見れば何を投稿したらいいか迷うことなく、すぐにTikTok内のはやりに乗ることができ、お祭りのように盛り上がれるので簡単に楽しめる、ということになります。

動画を視聴する場合も、投稿する場合も、ハッシュタグを意識することでTikTokのおもしろさがグッと理解できるでしょう。

他のSNSへ誘導できるのがすごい

TikTokをビジネスに活用する利点として、**他のSNSへ誘導できる点**が挙げられます。**TikTokでフォロワーを獲得したり、投稿した動画のエンゲージメント（他のユーザーが自分の投稿に反応した回数）が高くなったりすればTikTok内で認知されるだけでなく、たとえばYouTubeなど、別のプラットフォームにつなげることが容易**なんですね。

例として、破天荒系おもしろ動画を投稿するかすこんねぅ(@mentaikoumasugi)さんは、フォロワー数約84万人のTikTokerです。変顔・日常あるある・学校あるあるといったネタ動画を投稿しています。

そんなかすこんねぅさんですが、最近YouTubeにも進出した模様。YouTubeチャンネルを開設したことをTikTokで報告すると、すぐに80万いいねの大バズり。初めて投稿したYouTube動画は１００万回再生され、チャンネル登録者数は一気に12万人を超えました。

たった1本の、しかも他媒体への誘導動画がここまで拡散した理由は、彼女が

▲かすこんねぅ（@mentaikoumasugi）さん
日常あるあるネタなどで人気を博し、YouTubeへの誘導もバッチリ

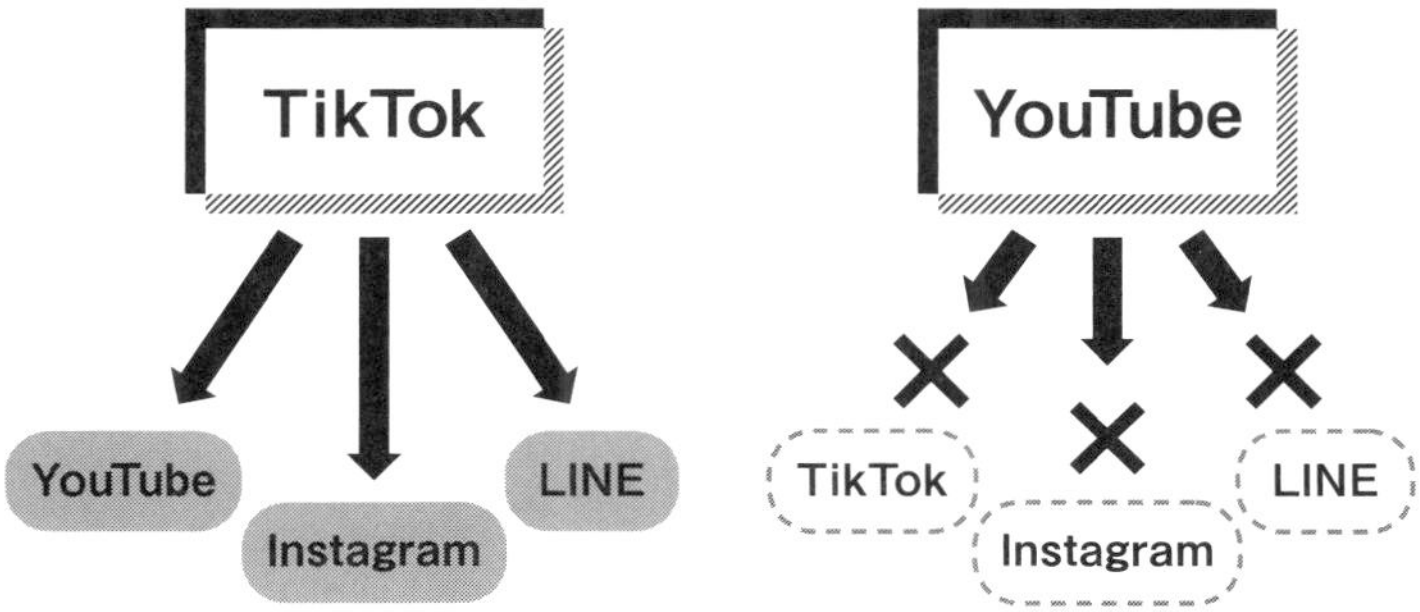

図10. TikTokは他媒体への誘導が可能

TikTokですでに十分な数のファンを獲得しており、YouTubeの効果的な宣伝ができたからですよね。かすこんねぇさんのように、TikTokを成長させ、YouTubeチャンネルを始めるTikTokerは多数います。

ご存じの方も多いと思いますが、実は「他媒体に誘導する」というのは、元媒体によっては決して望ましくないことなのです。他媒体で定着してしまったら自媒体のアクティブユーザー数が減り、媒体としての力が落ちるわけですからね。ですから、特に競合する他サービスへの誘導については、神経質になって嫌がる媒体も多いのです。

TikTokはその辺が違います。もともと後発の媒体ですし、「他媒体に食い込んでいく」ことを目指していたと推測でき、そのため「他媒体への流出」はある程度前提として容認しているフシがあります。それでもいいから、日常的に使ってもらえるポータル動画サイトとして利用者数を増やせばいいじゃないか、という考え方なのかもしれません。あまり「自社囲い込み（が引き起こす、ユーザーの利便性を損なうような規制）」がないイメージがあります。

どんどんその特性を利用していきましょう。YouTubeの他にも、Instagram、Twitter、ウェブサイトなど、その他の媒体へリンクさせていけるのも、TikTokに注力すべき理由の一つです。

第 1 章まとめ

TikTokは、
・成長しているのに競争相手が少ない
・「プッシュ型」と「プル型」のハイブリッド
・拡散力と認知度向上に優れている
・投稿のハードルが低い
・運営会社のByteDanceがすごい

第 2 章

TikTokを準備する

効果的に始めるには

誰でもできるTikTokの始め方

さて、TikTokを今始めるべき理由をここまで解説してきました。中には「TikTokやりたくなったから早く始め方を教えろよ！」という方もいるかもしれませんが、大丈夫です。ここから説明します。

TikTokの始め方ですが、まずはウェブ上でTikTok公式サイトにアクセスするか、アプリケーションストアからTikTok公式アプリをインストールし、会員登録が必要になります。

ＰＣ上でブラウザを通しても利用できますが、基本的にスマホで利用する人が多いＳＮＳですので、今回はスマホにアプリをダウンロードする手順を紹介します。視聴者目線になるためにも、たとえば企業で使えるデバイスに制限がある、などの事情がない限り、スマホからのアカウント開設をおすすめします。

まずiPhoneの方はApp Store、Android対応機種の方はGoogle Playストアを開きます。TikTokと検索すると、音符アイコンの公式アプリが出てくるのでインストールします。

アプリのインストールが済んだら会員登録です。会員登録に必要な情報は以下の通り。

・電話番号またはメールアドレス
・生年月日
・パスワード
・ユーザー名

電話番号またはメールアドレスの代わりに、LINE、Twitterなど別のSNSアカウントで登録することもできますが、TikTokアカウントを育てていく気なら、別のSNSアカウントとの連携ではなく、新たにアカウントを作っておくのが無難です。ユーザー名はあとから変えることもできます。指示された情報を入力し、利用規約に同意するとアカウントが開設されます。

アカウントが開設されると、「アカウントのフォロー」や「動画の投稿」ができるようになります。

第1章でもお話ししましたが、動画を視聴する際は、「フォロー中」「おすすめ」の2種類の方法があります。

「フォロー中」では、自分がフォローしているお気に入りの投稿者の投稿が流れてきます。TwitterやInstagramのタイムラインに近い機能です。「おすすめ」では、自分がフォローしていない投稿者の投稿が流れてきます。TikTokのＡＩが視聴者の好みに沿った動画を流してくれる仕組みで、TikTokの特徴と言えます。

動画を投稿する際は、アプリを開いた画面の下のほうにある、「＋」のボタンをタップします。動画をその場で撮影してもいいですし、すでにスマホに保存されている動画を利用することもできます。

動画を選択すると、次は編集画面に移ります。テロップ、音楽、エフェクトをつけることができるので、編集したい場合は各ボタンをタップします。最後にハッシュタグ（#）をつける場合は入力し、動画は完成です。

フィルターや速度調整などもこの画面で行える

音声効果やアフレコなどもこの画面ですべて行うことができる

ここで楽曲をチョイス

録画が終了するとこの画面に移行。ここでテロップの設定や全体の調整をして動画を完成させることができる

ここを押すと録画開始

このボタンをタップすると動画作成画面に

テキスト編集などもここで完了できる

▲ 動画作成画面

投稿するとTikTok内で公開され、他のユーザーが視聴できる状態になります。

「ビジネスアカウント」に変更する

TikTokには「ビジネスアカウント」と呼ばれる、TikTokを広告・宣伝に活用したい「プロ」向けの機能が実装されています。

プロ向けといっても、アプリの設定から簡単に変更することができ、お金もかかりません。以下で詳しく解説しますが、動画のインプレッションデータを見ることができたり、便利な機能なので、TikTokを頑張りたい個人や企業は必ず変更しておきましょう。

ではまず、自分のアカウントをビジネスアカウントにする方法です。

TikTokにログインし、マイページの右上にある「メニュー」部分をタップします（画面右上の3本の線）。

「アカウント管理」を選択すると、「ビジネスアカウントに切り替える」という

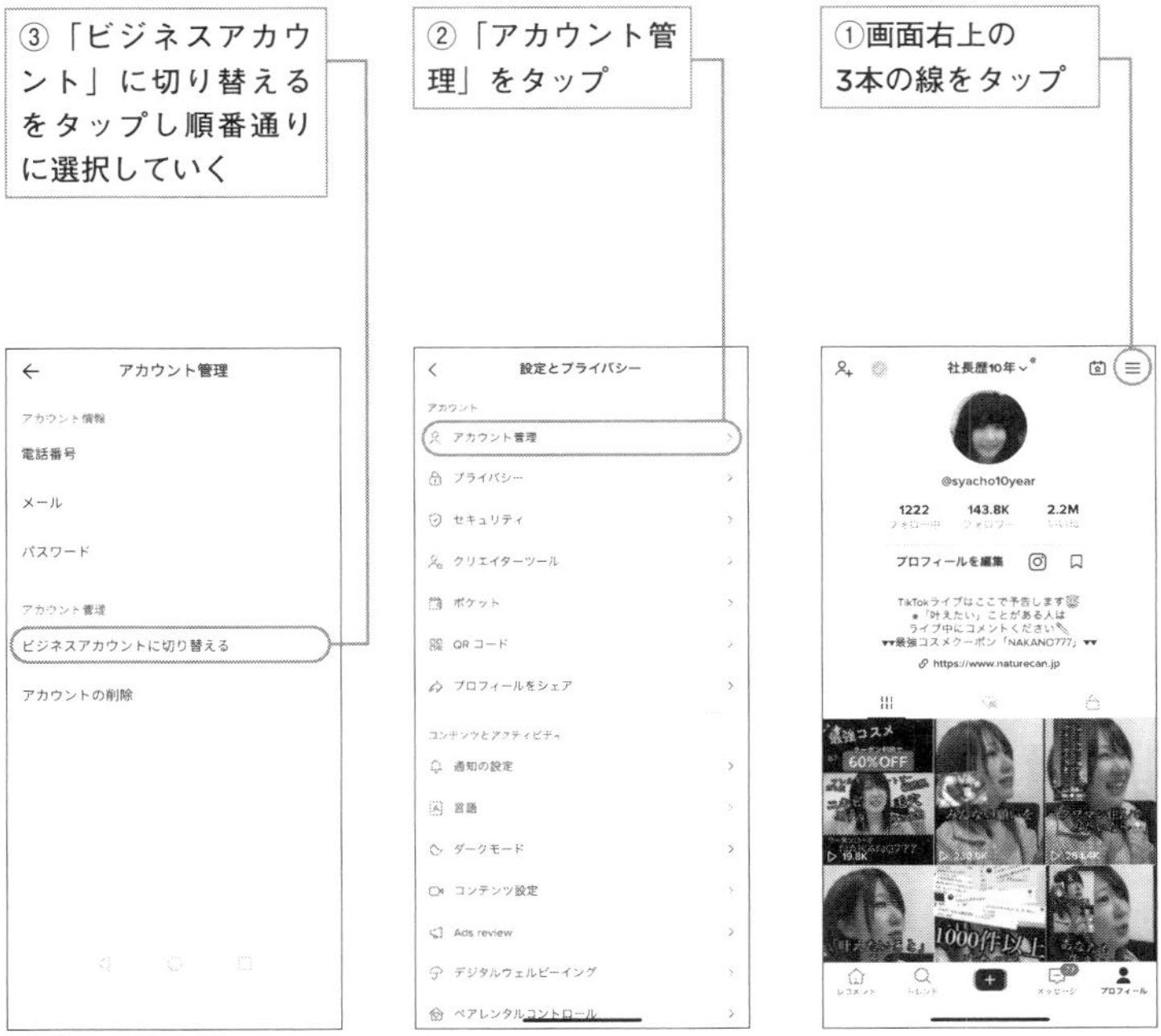

▲ビジネスアカウントへの切り替え方

項目があるのでタップします。

「クリエイター」ｏｒ「ビジネス」を選べるので、個人の方はクリエイター、お店や企業の場合はビジネスを選択します。

最後に「アート」「ビューティー・ファッション」「教育」「ダンス」など、自分のアカウントのジャンルを選択し完了です。

次に、ビジネスアカウントに変更すると強化される機能ですが、「データの確認」「プロモート」「プロフィール情報の追加」「商用楽曲の利用」の四つです。最近では通常アカウントの機能拡大が進み、「データの確認」や「プロモート」ができるようになってきています。ビジネスアカウントにするとさらに細かい分析ができるし、今後も機能が追加されるかもしれないので、とりあえずビジネスアカウントに設定しておくことをおすすめします。

「データの確認」とは、動画の視聴数、プロフィールの表示回数、いいね数、コメント数、フォロワーの属性、ライブ配信の視聴者数といった、さまざまな数値を確認できる機能です。

アカウント全体としてどれだけ視聴されたか、フォローされたかといった分析が簡単にできますし、フォロワーの属性を確認することで、男性と女性どちらに多く視聴されているのかといったデータもわかります。

TikTokアカウントを伸ばすには、どのような動画が多く視聴されるか仮説を立て、実際に投稿し、結果を検証するサイクルが重要ですが、動画のデータ確認機能を活用することで、効果的に分析をすることができます。


データを確認するには、マイページ右上のメニュー部分を開き、「クリエイターツール」の中の、「インサイト」をタップします。

「概要」「コンテンツ」「フォロワー数」「LIVE」といったタブに分かれているので、見たい項目を選択しましょう。

投稿した各動画からも「インサイト」の画面を開くことができ、その動画の平均視聴時間や、動画をフル視聴した人数を把握することができます。

アカウント全体のインサイト、あるいは各動画のインサイトをうまく活用し、

◀データの確認方法

①画面右上の３本の線をタップ

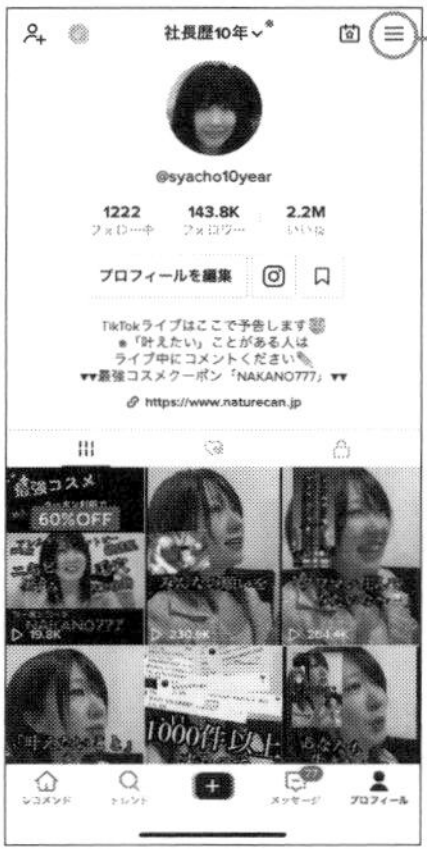

②「クリエイターツール」をタップ

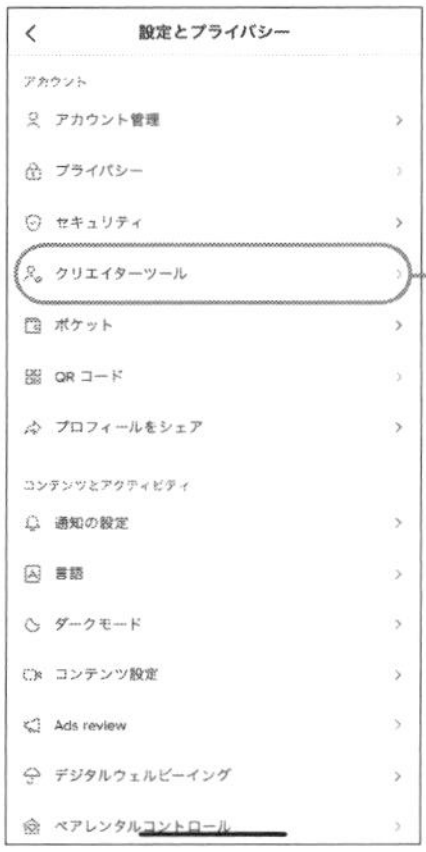

投稿する動画のブラッシュアップをしていきましょう。

「プロモート」とは、自分の投稿した動画に課金をし、より多くの人に動画を届けてもらうサービスになります。

TikTokでは「おすすめ」として、最低限の視聴者に動画を届けてくれる機能が備わっています。動画の評価が高くなれば、さらに多くの視聴者に届けてくれる仕組みとなっているわけですが、「プロモート」を利用することで、強制的に多くの視聴者に動画を見てもらうことができます。

プロモート機能を使うには、TikTokにお金を払う必要がありますが、約３００円

③「インサイト」をタップ

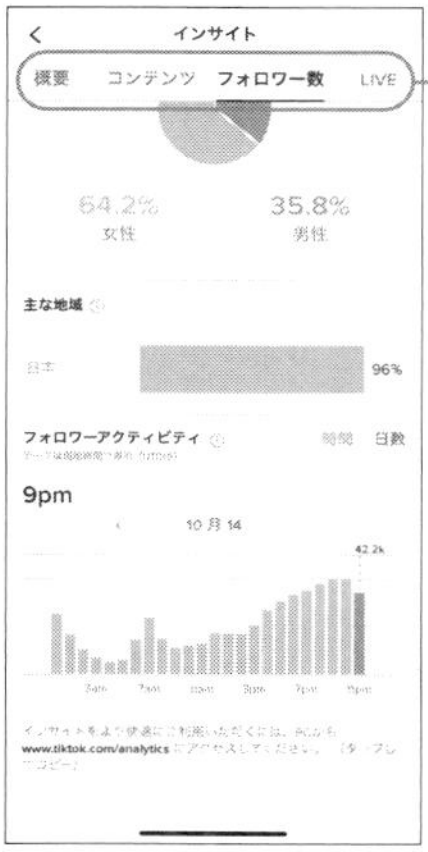

④インサイト画面
ここでさまざまなデータが確認できる

といった低額から利用可能なので、利用してみるのも一つの手でしょう。

詳しくは第3章で解説します。

「プロフィール情報の追加」とは、プロフィールにウェブサイトのリンクを貼ることができるようになる機能です。

通常アカウントでも、Twitter、YouTube、Instagramといった他SNSのリンクを貼ることはできますが、ウェブサイトのリンクを貼れるのはビジネスアカウントのみとなっています。

誘導したいウェブサイトがあったり、ランディングページがある場合は、TikTokをビジネスアカウントに変更し、プロフィールに表示させておくのがいいでしょう。
マイページ右上のメニュー部分を開くことで、ウェブページのURLを登録できます。

「商用楽曲の利用」とは、広告主による著作権侵害を避けることを目的として用意された機能です。

「商用楽曲ライブラリー」が用意されており、この中の曲なら、広告で使っても著作権侵害になりません。

プロモーションに利用する際に、楽曲制作者・管理者に許可を取る手間が省けるので、広告主には使い勝手がいい機能になっています。

投稿する内容を「一つに」絞る

TikTokアカウントの用意ができたら、次は**発信者としてのテーマ・方向性を決めます。**

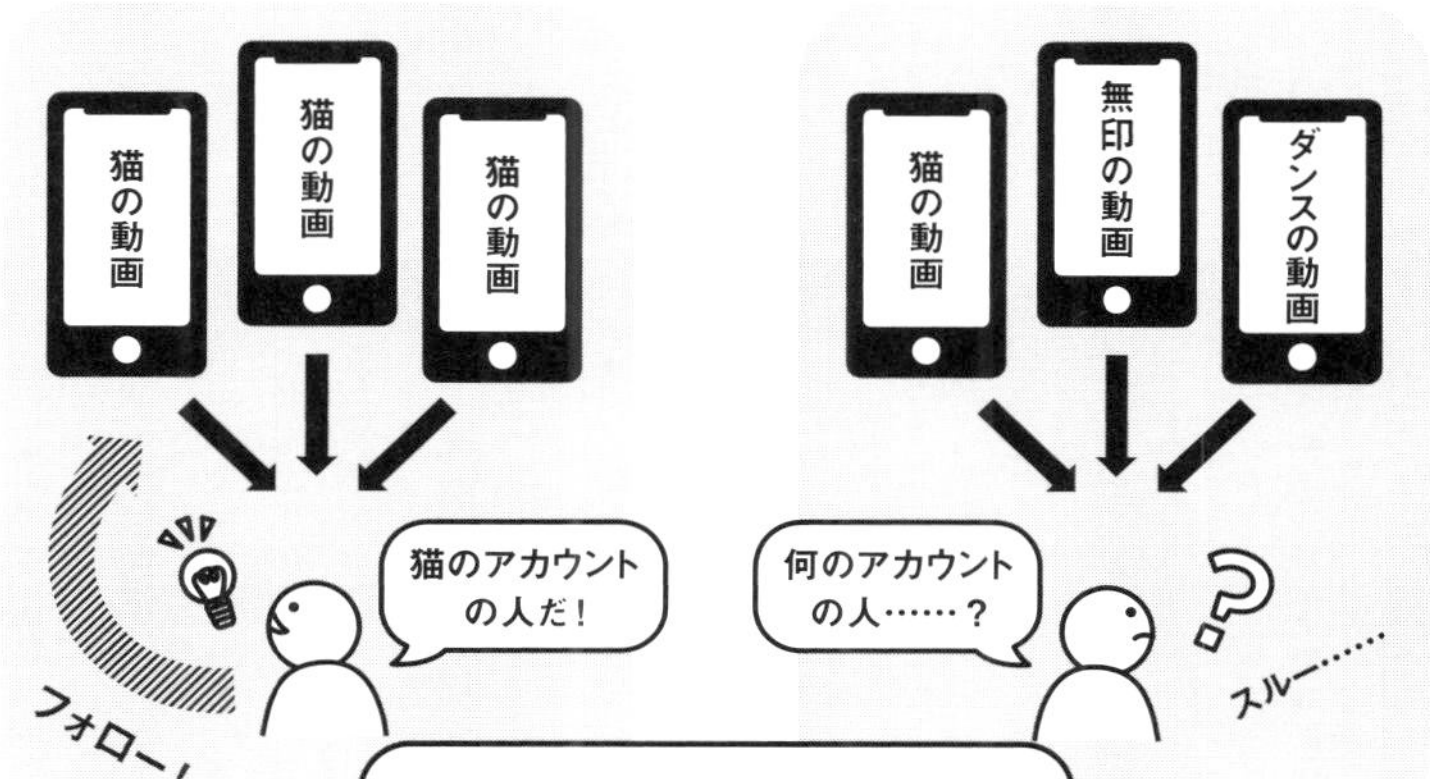

図11. 投稿する内容は一つに絞る

手っ取り早くフォロワーをたくさん欲しがって、人気のあるジャンルで片っ端からアップしようとする気持ちはわかります。しかし、**投稿する内容は、一つに絞るのが基本**です。

たとえば猫の動画なら猫だけを、ダンス動画ならダンスだけを、無印良品の商品紹介動画なら無印良品の商品だけを投稿していくようにしましょう。たとえば、会社として認知の獲得や人材の採用を目指す場合、会社関連の動画だけをあげていき、お店の紹介ならお店関連の動画だけをあげていきましょう。

何も知らない人があなたの投稿を見たときに、「〇〇のアカウントだ」とすぐにわかることが重要です。専門性の高いアカウントは、フォローしてもらえる確率も高まります。

（例：猫動画のアカウントだ↓猫のアカウントを探していたのでフォロー）

これは、非常によくあるミスなのですが、まだ認知度が高まっていない段階なのに、複数のジャンルの動画を投稿してしまう人がいます。たとえば、ある日は猫動画、ある日は食事の風景、ある日はダンス動画といった感じです。そうすると**パッと見たときに投稿に一貫性がなく見えてしまい、何を訴えたいアカウントなのかがわかりにくくなってしまうのでNG**です。

あなたが誰なのかも知らず、パッと見て何が専門のアカウントなのかもわからず、他の人からもさほどフォローされていない（＝動画を見続けたらおもしろくなるタイプのアカウントでもない）ようだ。これ、要は単に路上ですれ違っただけの人と一緒なんですよね。

目的もなく、ただ路上ですれ違っただけの人のところに立ち止まる人はいません。**少なくとも人気が出るまでは、「あなたがなぜそこにいるのか」が一目でわかる状態であることが大切**です。モノを売っているのか、猫を散歩させているのか、何かのパフォーマンスを見せたいのか。何をしたい人なのかがわかれば、立ち止まってくれる人もいるでしょう。

これが、たとえば人気YouTuberのように、その人自体が認知されている場合は別です。**「この人なら何をしても見たい」と思われるような存在であれば、その人自身を目当てに人が来るので、お客さんは立ち止まってくれます。**「その人が次に何をするのか」が興味を引くからです。しかし、そんな背景もなく、普通に最近TikTokを始めた人が、何がしたいかハッキリしない存在として動画を投稿したとしても、注目されることは稀《まれ》です。

まずはあなたや、あなたのアカウントを知らない人に、自分がどのような存在なのか、テーマを絞って伝えていくイメージで投稿内容を一つに決めましょう。

五つの投稿テーマでターゲットを見極める

そうはいっても、最初から投稿のテーマを一つに絞れない、という人もいるかもしれません。あるいは一つに決めて動画を投稿してみたものの、反応がもらえない場合もあります。

投稿のテーマを一つに決められない場合は、最大でも五つほどのテーマを決め、その中で当たったもの、伸びそうなものを伸ばしていく、という作戦があります。

さらに、五つの投稿テーマを決める場合、なるべく関連があり、統一感があるものがベストです。

たとえば「社長系TikToker」を目指すなら、投稿できそうなテーマはこんな感じでしょうか。

・ビジネスについて
・お金持ちエピソード
・社長の苦労話
・学生に伝えたいこと
・扱っている商材について

どれも「社長」に関連したキーワードで、かつ世間が「社長」に抱くイメージ

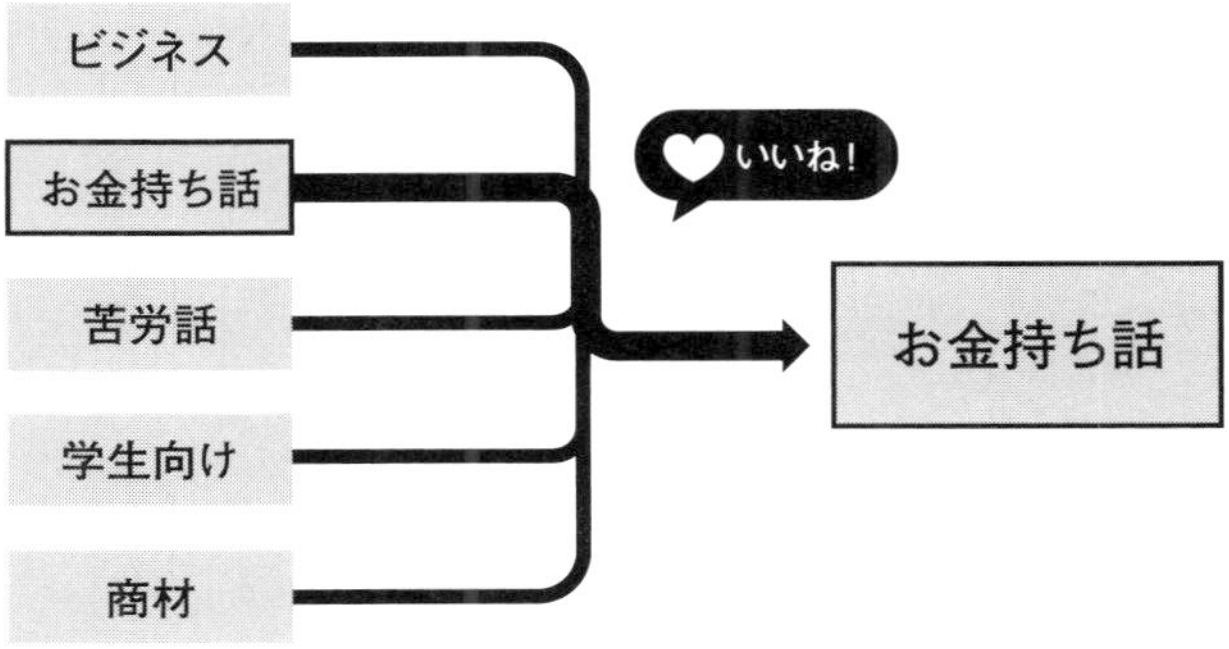

図12. 五つのテーマで投稿し、評判の良かったものを深めていく

を意識したテーマとなっています。**五つの内容に沿った投稿をしていき、評判が良かったものを深めてみましょう。**

私の例で言えば、社長の苦労話として、子ども時代の貧乏エピソードを話したところ反応がよく、「中野社長の貧乏エピソード」をシリーズ化しています。

余談ですが、TikTokに限らずSNS全般の特徴として、「不幸ネタ」「苦労話」は注目を集めやすい傾向にあります。単に「社長として成功している」という話ばかりのアカウントより、「昔は苦労していた」→「その結果、今は成功している」ということが伝わったほうが、親近感を抱いてもらいやすいようです。

少し話が逸《そ》れましたが、投稿のテーマが一つに絞り切れない場合、最大でも五つほどの関連したテーマを試してみるのは効果的です。これについては、動画を実際に投稿してみれば、いいねの数や閲覧数で反応の良し悪しがわかりますので、良かったものをシリーズ化するなど強化していきましょう。

「属人性が高い」アカウントを目指す

投稿のテーマを1～5ジャンルに絞ろうという話をしてきましたが、最終的に目指すのはどんなテーマでも受け入れてもらえる存在になることです。先ほど少し触れましたが、あなた自身が有名でファンを抱えており、あなたがそれをやることに一定の人数が興味を持ってくれるような存在になれれば、あなたという存在が興味を引くので、ジャンルを絞らなくても受け入れてもらえるようになります。

動画を視聴する理由はさまざまありますが、「この人の動画だから見たい」という状況を、私は「属人性が高い」などと表現しています。

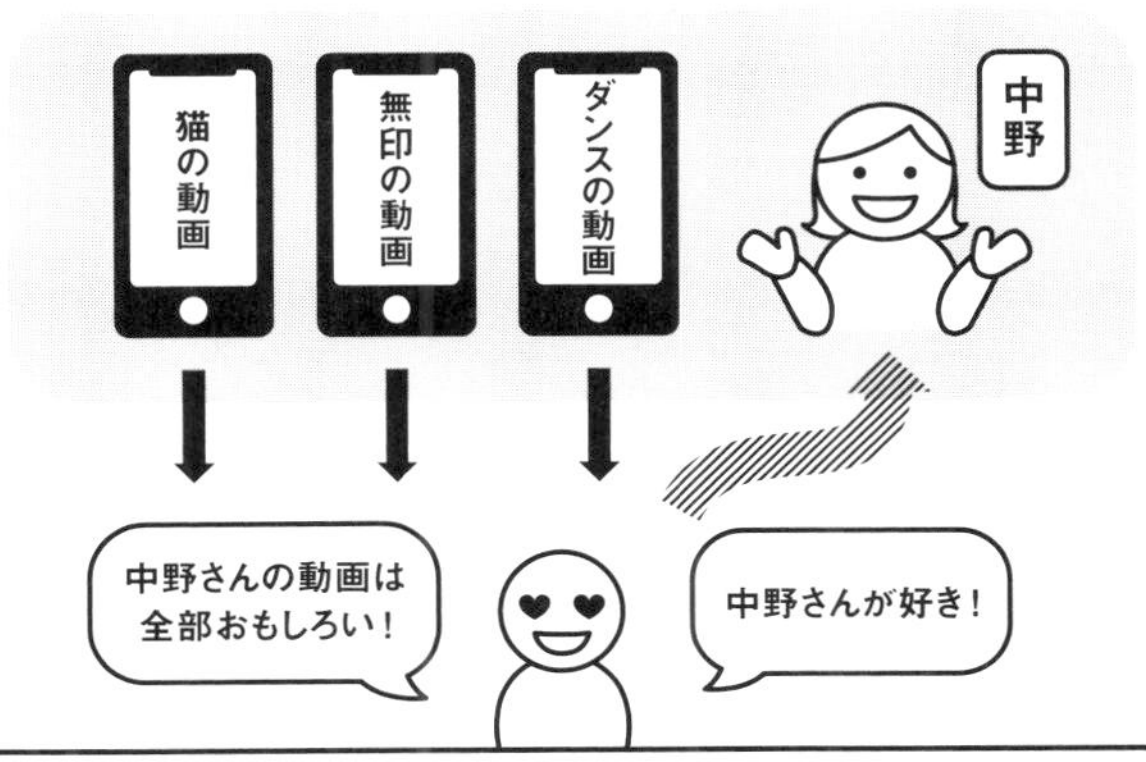
猫の動画
無印の動画
ダンスの動画
中野
中野さんの動画は全部おもしろい！
中野さんが好き！

図13.「属人性が高い」と、どんなテーマでも受け入れてもらえる

最初は何者か知らないので、「社長のTikTokerか」「ダンスの人か」「猫を飼っている人か」など、「〇〇の人」というキャラクターをわかってもらう必要があるんですよね。しかし、アカウントのフォロワー数が伸びてきて、長くTikTokを続けていると、**ファンが増えてきて、どんな投稿をしても良い反応をもらえる**ようになります。最初は「社長アカウントの人の動画はおもしろい」という動機だったものが、**徐々に「中野さんの動画だから見たい」に変わっていく**のです。

有名YouTuberの例で言えば、HIKAKINさんの動画は非常に「属人性が高い」です。

彼は「日常系」の動画の他、商品紹介、

ゲーム実況、〇〇やってみた、猫動画、ボイスパーカッションなど、ジャンルを問わずさまざまな動画をあげていますが、そのどれもが高評価を得ています。これはHIKAKINさんがすでに大量の認知・好感を得ているからで、視聴者は「HIKAKINさんの動画だから見たい」という動機で動画を見ています。

いやらしい話になりますが、彼が企業案件を受けようと思ったら、あらゆるジャンルの企業と提携することができるでしょう。発信者として、目指すべき最終段階に到達している状態です。

TikTokのアカウントを育てる場合でも同じことです。確かに難易度は高いのですが、**最終的には属人性の高い状態を作ることができればベスト**です。

しかし、繰り返しになりますが、ファンがいないアカウントが最初からあらゆるジャンルを投稿してもファンはつきにくいので、注意が必要です。少ないテーマ数から始め、自分が認知されてきたら、徐々に他のテーマも投稿してみるといいでしょう。

バズってるアカウントのエッセンスを抜き出す

TikTokを始めるときの基本は、**すでに成果を上げているアカウントや投稿を真似すること**です。

ＳＮＳの投稿にたくさんの反応があったり、フォロワー数が増えたりすることを「バズる」と表現しますが、TikTokにもバズってる人は大勢います。TikTokを始めてすぐは、何が評価されるのかわからないと思うので、まずはバズってる人を徹底的に研究しましょう。

成功者を真似するときは、投稿を一言一句コピーするのではなく、要素だけ抜き出すことが重要です。たとえば「学生時代の失敗エピソード」でバズってる人を見つけたら、その人の話した言葉をそのまま使うのではなく、自分にも「学生時代の失敗エピソード」がないか考えます。

一言一句丸パクリするのはアウトですが（嘘《うそ》ですしね）、要素だけ抜き出して、自分独自のエピソードに変えれば問題ありません。お手本になるアカウントを見

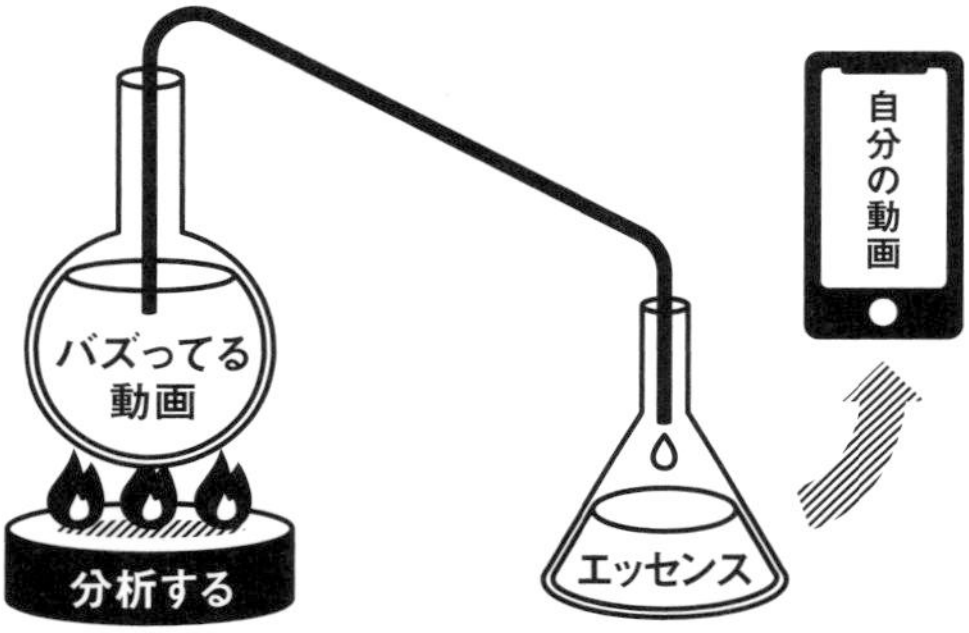

図14. バズってる動画のエッセンスを応用する

つけ、なぜそのアカウントが伸びているのか研究してみましょう。TikTokを始めた初期の頃は特に、**バズってる人のバズってる理由を考え、そのエッセンスを自分の投稿に応用すること**が重要です。

また、**TikTok内で流行していたり、世間ではやったりしている内容に乗っかることも大切**です。

第1章でも述べたように、TikTokには「ハッシュタグ（#）」と呼ばれる共通のお題のようなものがあります。「おすすめ」に上がってくる動画を見ていると、大量に再生されていたり、繰り返し表示されたりしているはやりのネタに気づくと思います。

TikTok内ではやっているネタを見つけた

らチャンスです。自分も乗っかることができないか考えてみましょう。

アカウントのイメージとあまりにかけ離れているネタには乗らないほうがいいのですが、基本的にはバズってるネタには乗っかっていくべきです。

また、TikTokに限らず、世間で話題となっている事柄にもアンテナを張りましょう。

たとえば2020〜2021年にかけては新型コロナウイルスが大流行していますが、多くの発信者がこれを話題として取り上げていました。視聴者にとっても関心の高いテーマであり、コロナに関する投稿は注目が集まりました。新型コロナウイルスのように世間的に関心が高い話題も、積極的に発信していきましょう。

もちろんその場合も、自分のイメージとあまりにかけ離れた話題はNGです。あくまで、自分というパーソナリティを広く知ってもらうために投稿するわけですからね。意味もなくキャラに合わないことをしゃべったところで人気にはつながりません。

プロに任せるメリット・デメリット

まだ主流にはなっていないものの（だからチャンスがあるのですが）TikTokをビジネスとして捉え、動画編集やアカウントの運用を外注する動きも始まっています。

個人の趣味として行う場合は自分で投稿していくのが基本になると思いますが、ビジネスとして取り組んでいきたい場合や、企業が主体となってTikTokを始める場合は、外注も視野に入ってくるでしょう。下手な人が当たらない動画をたくさんアップするより、**専門家が狙って作るほうが当たりやすいのは当然ですし、結果としてそのほうがトータルコストは低く済むこともある**のです。

動画編集や簡単なアドバイス程度であれば、TikTokが得意な個人やフリーランサーに依頼するのがいいでしょう。ランサーズ、ココナラ、クラウドワークスといった外注マッチングプラットフォームで検索をかければ、TikTok動画編集を専門に請け負っている人がたくさん見つかります。価格は動画編集1件につき1000円からと手頃な設定にしている人が多く、「TikTokの編集を外注したい」と考えた場合の第一候補となるでしょう。

もっと本格的に、企画から編集、投稿までを総合的に相談していきたいとなった場合は、広告代理店に依頼するのがいいでしょう。インターネットで「TikTok外注」と検索をかけると、ＳＮＳマーケティングを専門にしている代理店などがヒットします。

広告代理店に依頼すると、代理店側から「どのような目的で」「どのようなアカウントを作っていきたいのか」といったヒアリングが入ります。その後、運用方針や予算の提案があり、動画に出演するキャストを決めたり、動画を撮影したり、編集して投稿したり、という流れになると思います。

TikTokのビジネス利用や、それに伴う運用代行は最近始まった分野であり、相場は徐々に決まってきている、という段階です。

体感としては、月30本の動画編集を依頼して月10万～20万円など、広告代理店に依頼する案件としては比較的安価です。TikTokはまだ商業利用の価値が浸透しておらず、相場が加熱していないためと考えられます。YouTubeならこうはいかないですし、テレビなどの大きな媒体ならばなおさらです。

商業利用の価値が浸透していないとはいえ、TikTokを利用して集客・人材採用につなげることに成功している企業も多く、検証によっては、求人サイトやFacebookに宣伝を流した場合よりも効果が高いという結果も出ています。注目され始めたばかりのSNSで、運営のコストも高くない割に効果がある、という意味で、TikTokはかなり狙い目のSNSだと考えています。

YouTubeとTikTokは何が違うのか？

最近よく聞くお悩みとして、YouTuberとしてすでにある程度規模を拡大し、TikTokも始めたいのだがうまくいかない、というようなお話があります。具体的にはチャンネル登録者数10万人規模のYouTuberの方でも、TikTokの攻略に苦戦している、という例もありました。

反対にTikTokerとしてある程度成功を収めた人が、YouTubeを始めてもフォロワー数が伸びない、という話も聞きます。詳しくは第4章で解説しますが、TikTok→YouTubeにフォロワーを誘導するには、工夫や努力が必要になります。

YouTubeをやっている人と、TikTokをやっている人がお互いの媒体に進出して苦戦する背景には、両者のプラットフォームとしての違いがあるようです。すでに拡大した動画SNSとしてYouTubeは無視できないので、TikTokと比較した違いをまとめていきます。

まず一番の違いは、両者で想定されている動画時間の違いです。TikTokはショートムービーに特化したSNSで、長くても3分で動画が完結し、基本は数十秒ほどで終わるものがほとんどです。一方でYouTubeで推奨される動画時間は10分ほどとされており、長いものでは数時間に及ぶ動画もアップされています。

TikTokでウケるためには、再生されたと同時に注目を集め、テンポよく展開していくスピード感が必要です。ですから、まずオープニングは自己紹介から入るYouTube動画に比べて、短い時間で多くの情報を詰め込む必要があります。

動画の長さの違いは、「サムネイル」の有無にも影響しています。TikTokでは数十秒ほどのショートムービーが次から次へと流れる視聴スタイルで、**サムネイルと呼ばれる冒頭部分の画像は存在しません。YouTubeではサムネイルを見て**

動画を視聴するかどうか判断されるのに対し、TikTokではいきなり動画が再生されることになります。

サムネイルで目を引くことによって再生へと誘導するYouTubeとは違う仕組みなので、YouTube投稿に慣れている人はTikTokのシステムに困惑することが多いようです。具体的に言えば、TikTokで大事なのは「最初の1秒」です。これは後ほど説明します。

二つ目の大きな違いは、**動画の拡散の仕組み**です。

これまでにお話ししてきた通り、TikTokでは「おすすめ」と呼ばれる動画拡散機能がついており、視聴者の多くはこの「おすすめ」欄に滞在します。この「おすすめ」欄のおかげで、どんなにフォロワーが少ない投稿者の動画であっても、最低数十人ほどには必ず見てもらえる仕組みになっています。

一方YouTubeにはそのような拡散機能はないので、アップしたばかりの動画は「再生数ゼロ」ということもザラです。YouTubeにも「関連動画」を表示する項目はあるのですが、あくまでメインの機能ではなく、すべての視聴者がアクティブに関連動画を追いかけてくれるわけではありません。

TikTokでは毎回の動画ごとに拡散され、バズるチャンスが与えられますが、YouTubeでは関連動画に表示されたところから地道に視聴者を集め、チャンネル登録者数を積み上げる必要があります。

「毎回勝負」なのか「積み上げた視聴者に語りかける」のかが、TikTokとYouTubeの違いと言え、どちらか一方に慣れてしまっている発信者は苦戦することが多いようです。

三つ目の大きな違いとして、**拡散に即効性があるか、動画が蓄積されていくか、というものが挙げられます。**

TikTokではＡＩの「おすすめ」により爆発的な拡散が期待できるのですが、一方で過去の動画まで遡って見られることは少ないです。

YouTubeでは動画がシリーズ化していることも多いので、**まとめて全部の動画が一気に視聴されることも多い**のです。

TikTokはあくまでショートムービーですので、**次々に再生される手軽さもあ**

いまって、通勤時間や休憩時間など、日常生活の隙間に溶け込んだ視聴スタイルが基本です。

一方、YouTubeは、お気に入りのチャンネルを週末に見るなど、「YouTubeを見る特別な時間」を用意して視聴するイメージです。旅行系YouTuberの方の動画が気になって、最初からすべて見てしまった、というような経験がある人は多いのではないでしょうか。

TikTokはそのような「遡って最初から見よう」というタイプの視聴スタイルの視聴者は少ないので、投稿する際も一つひとつバズらせることを意識した投稿スタイルになります。TikTokは「とりあえず知ってもらう」きっかけ作りに最適で、最速で多くの再生数を獲得できるSNSと言えます。さらに深く、長時間かけてでも知ってもらいたいコンテンツがあるのならばYouTubeを選択すべきです。

このように、それぞれの媒体にはそれぞれの特性、強みやクセがありますので、それらを考慮して媒体を選択したほうがいいでしょう。もちろん、その違いをしっかり把握すれば、両方の媒体を使って大きな成果を上げることも可能です。

逆に、単純に「動画だからどれも似たようなものだろう」という理由で同じ動画をあげて、ただ満足していては意味がありません。

一口に「動画系SNS」といっても、まったく違うアルゴリズムで動いているものなので、それぞれ攻略法が違うのです。ビジネス利用するのであれば、これらの違いを踏まえたうえで最適な形で行わなければ、十分な成果を上げることはできないということです。

第２章まとめ

・投稿する前にアカウントのテーマや方向性を決める
・一つに決められない場合は最大でも五つのテーマで投稿し、ウケるテーマを見極める
・何を投稿しても受け入れてもらえる「属人性が高いアカウント」を目指す
・バズってるアカウントの要素を真似してみる
・プロに任せたほうがトータルコストが低いこともある
・TikTokは「毎回勝負型」、YouTubeは「積み上げ型」

第3章

TikTokで人を集める

誰にどうやって、何を伝えるのか？

絶対に決めておくべき「三つの方向性」

TikTokを始める際、目的や目標を明確にしておくことが重要です。

特に企業が集客目的でTikTokを運用するような場合、動画の方向性や、ターゲット層を事前に決めておく必要があります。たとえばTikTok運用の目的が「人材採用」である場合、やみくもに動画をバズらせても、求めている人物や年齢層が集まらなければ意味がないからです。

企業がTikTokを運用する場合、以下の三つの方向性を明確にしておくのがよいでしょう。

① TikTokを運用する目的
② 届けたいユーザー属性
③ ターゲットの年齢層

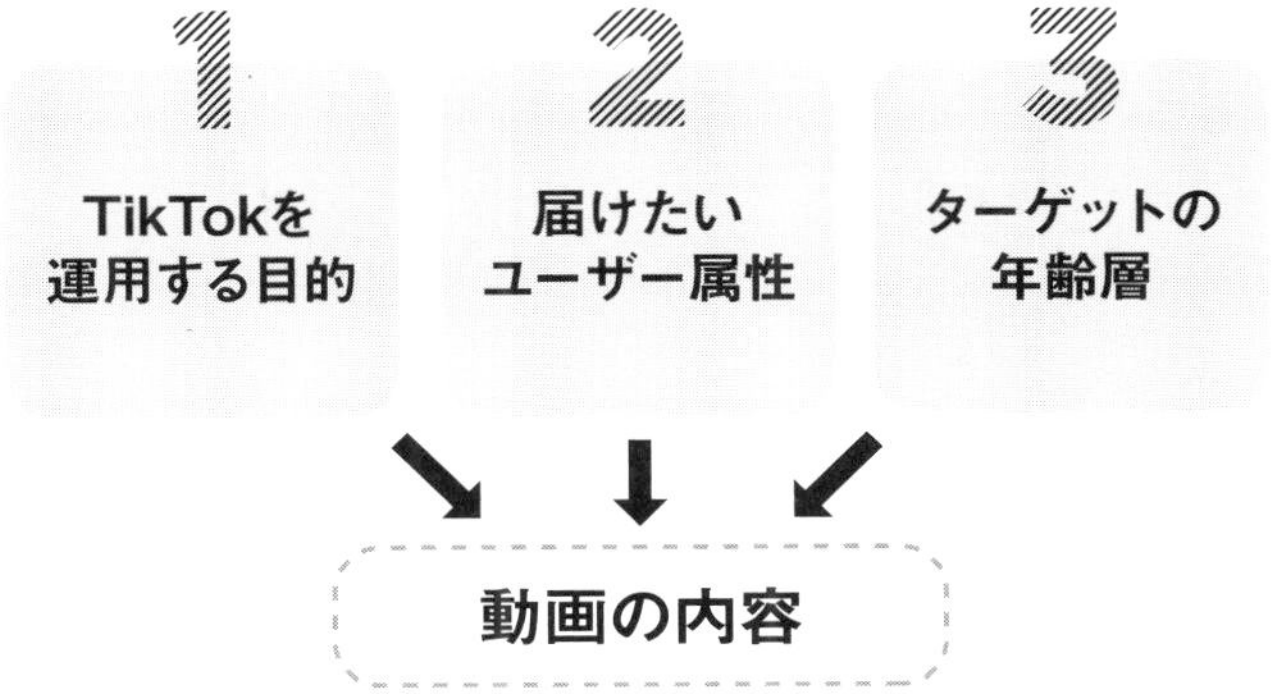

図15. 三つの方向性を定めてから動画の内容を決める

まず「TikTokを運用する目的」とは、そもそもなぜ企業としてTikTokに取り組みたいのか、ということです。

主に、「集客」「採用」「宣伝」「販売」「認知獲得」「イメージ向上」などが挙げられるでしょう。

TikTokの動画を見たユーザーが、お店に足を運んでくれることを目的とするなら、「集客」が目的となります。TikTokの動画を見たユーザーに、会社のことを知ってもらい、求人に申し込んでもらうことを目的とするなら、「認知獲得」や「採用」が目的となります。

運用する目的によっては、「何がなんでもとりあえずバズればいいのか」「会社のイメージを守ったうえで拡散してもらう必要があるのか」など、投稿する動画の方針も変わってきます。TikTokアカウントの方向性を決めるうえで、最も重要な核となってくる部分ですので、慎重に決めましょう。

次の「届けたいユーザー属性」とは、目的を達成するために、どのような視聴者を獲得すればいいかの方針です。

ユーザー属性はさまざまな分類方法がありますが、たとえば「高校生」「大学生」「新入社員」「中堅社員」「主婦」「フリーター」「経営者」といったセグメントに分けることができます。

子育てグッズを販売する企業が、販売促進目的でTikTokを始めるとしたら、「主婦」など子育て世代に見てもらうのが望ましいでしょう。新卒採用にTikTokを活かしたい企業なら、「高校生」や「大学生」に受け入れられる動画を作らないといけません。TikTokを運用する目的が決まったら、そのためにどのようなユーザー属性に狙いを定めるか決めましょう。

最後の「ターゲットの年齢層」とは、目的を達成するために、どのような年齢層にアプローチすべきかの方針です。

これは「届けたいユーザー属性」ともかぶってきますが、TikTokアカウントを育てていくために視聴者の年齢層を意識することが重要です。なぜなら、年齢層によって「バズりやすいコンテンツ」が変わってくるからです。たとえばTikTokの運用目的が「新卒採用」なら、10代後半〜20代前半に見てもらおう、といった具合で、ターゲットの年齢層も事前に明確にしておきましょう。

以上「TikTokを運用する目的」「届けたいユーザー属性」「ターゲットの年齢層」の3点を総合的に意識したうえで、方針からブレないように、動画の内容や訴求する内容を考えていきましょう。

「持続できるテーマ」と「投稿パターン」を見極める

TikTok運用の目的が決まって、届けたいターゲットの属性・年齢層が決まったら、具体的な動画の内容を決めていきます。投稿する動画は、**自分が得意で楽しいと思えるものや、長期的にネタ切れせず続けられるテーマを選ぶことが重要**

です。

たとえば副業が趣味で、何種類もの副業に取り組んでいる人は、副業ノウハウの発信者として活躍できるでしょう。反対にまったく副業に興味がなく、その経験もないような人が、無理やり副業系の発信をしても続きません。動画投稿のスタイルにも適性が求められるのです。

TikTokの動画タイプとしては、まず大きく「人が出演する」「人が出演しない」の二つに分けることができます。

「人が出演する」タイプの動画はさらに、「コントをする」「語る」「踊る」「日常を再現する」「珍しい体験を共有する」などのジャンルに分けられます。演者として前面に出ていくのが得意な人もいるでしょうし、顔出しなどはせず、テロップだけで作品を作るのが得意な人もいるでしょう。

いずれの場合においても、自分ができること、得意なことを見極めましょう。TikTokではやっているからとはいえ、動画に出演する適性がない人がコント動画を作っても見るに耐えませんし、その反対に、文字や音声だけで動画を作るセンスのない人が、サイレントムービーのようなものを作っても価値が低いでしょう。

自分の興味関心を理解したり、他の発信者の投稿を参考にして適性を探したりして、自分に適したタイプのTikTok動画を見つけていきましょう。

起承転結を意識してユーザーとAIの高評価を得る

どの動画ジャンルにも共通する**「バズるTikTok動画」のコツとして、起承転結を意識する、**ということが言えます。

何度も説明しているように、TikTokの視聴スタイルは、「おすすめ」に次々ショートムービーが出てきて、つまらなければ次に飛ばす、というものです。起承転結がしっかりしている動画であれば、視聴者は興味を持って最後まで動画を見ます。おもしろければ「いいね」を押して高評価してくれるし、アカウントが気になって「フォロー」してくれることもあるでしょう。

また視聴者が最後まで動画を見てくれることは、TikTokのAIからの高評価にもつながります。TikTokのアルゴリズムは、視聴時間が長い動画を「良い動画」と判定し、多くのユーザーの「おすすめ」に表示させていると推測できます。

起承転結がしっかりしている動画は、ユーザーから最後まで視聴されるので、結果として視聴者の滞在時間が伸びます。滞在時間が長ければ、ＡＩが高評価をし、別のユーザーに「おすすめ」として表示させ、さらにそこでも滞在時間を獲得することで、また他のユーザーに紹介される……といった具合に、好循環が生まれます。

その結果、動画やアカウントがバズり、TikTokで達成したかった目標に近づくことができます。動画の冒頭から結末まで、ストーリーに責任を持つイメージで、導入やオチを考えてみましょう。

実際に、起承転結を意識した動画の例を考えてみます。

TikTokで求人・採用をしたい会社があり、人材にはこだわりがなく、とにかく人を集めたいという目的であると仮定します。

起：履歴書に「不採用」と書かれた部分のズームから始まる

まず導入場面として、「不採用」の文字が全面に映された場面から入ります。

視聴者は不採用のインパクトや、どういうことだろう？　という疑問を抱いて、動画を見続けます。場合によっては履歴書を破るシーンから入り、さらにインパクトをつけることも可能でしょう。

承：不採用が続く求職者が、面接を受けに行く

続いてスーツを着た、就職活動に臨む人物が登場します。「何社も落ちてしまった……」と不安げな様子で落ち込んでおり、「起」のパートで出てきた「不採用」の意味がわかります。動画は面接会場に切り替わり、求職者は緊張した様子で話し始めます。

転：採用担当者が、拍子抜けさせるようなテンションで採用を言い渡す

求職者のコメントに対し、面接官は明るいテンションで「採用！」「明日から来てくれる？」「席もそこに用意してあるんで〜」と伝えます。「ぶっちゃけ〜」といった言葉使いなどを使うと、相当フランクで優しい様子が伝わります。とにかくなんでも任せてくれる明るい会社という感じで、先ほどまでの求職者の暗いイメージとは正反対です。会社の採用面接なのに、友達に伝えるように採用が言い渡される点に、意外性を持たせています。

結：実際の求人情報を紹介する

最後に会社が本当に募集したい求人情報を紹介します。動画を見ていた視聴者には、「どんなに不採用が続いている人でも採用してくれる優しい会社なんだ」というイメージがついているはずです。「新卒大量採用！」「お問い合わせはコメント欄で」と締めくくることで、求人に興味を持った視聴者が申し込んでくれる、という流れです。

バズらない動画は「最初の１秒」で失敗している

私はTikTokで失敗している動画は、多くが「最初の１秒で失敗している」と分析しています。

動画の開始１秒で「その先に何が起きるか」の期待が持てないと、ＳＮＳ時代

のせっかちな視聴者たちは即、次の動画に飛んでしまうのです。人からの評価が悪いということは、その評価を数値化するTikTokのＡＩからの評価も悪くなってしまいます。

TikTok動画を作る際は、**四コマ漫画の一コマ目に勝負をかけるイメージで、視聴者に「なんだ？」「見続けたい」「おもしろそう」と思わせる工夫**をしましょう。

たとえばマスクの宣伝動画であれば、単にマスクを映し、機能を紹介し始めたのでは宣伝臭が強すぎて、見ている人はすぐに飛ばしてしまうでしょう。そこでマスクをハサミで切る様子から始めるなど、**冒頭に意外性を持たせます**。とにかく**最初の１秒で興味を持ってもらう**、これが最重要なのです。

また、当然ですが動画の締めも重要です。オチに意外性があったり、うまくまとまっていれば、視聴後のユーザーは「いいね」を押してくれるでしょう。今後の動画投稿に期待してくれれば「フォロー」もしてくれるでしょう。

たとえば私が高評価を受けた動画に「美顔ローラーの紹介動画」があります。冒頭は美顔ローラーにモザイクをかけた画像で違和感を持たせ、注目を集めます。

続けて「美顔ローラーには実は効果がない」というメイクアップアーティスト視点のノウハウを解説します。

美顔ローラーの否定で終わると思いきや、最後に「なお、この前美顔ローラーをめちゃくちゃ売ってしまった」という言葉で締めています。「否定しときながら売るんかーい」というオチと、「なんだかんだ販売してしまう社長すごい」という評価につながり、約6000いいねをいただきました。

「すべらない話」的にストーリーを考えるのは慣れていないと大変ですが、自虐ネタなどを駆使して、うまく動画をまとめるようにしましょう。

企業アカウントが投稿すべき「5種類」の動画

実際に企業がTikTokアカウントを運用していく場合を考えてみます。

TikTokの基本としては、認知が獲得できるまで一つの投稿ジャンルに絞り、投稿内容は起承転結、特に「起」が強いものがいいと書きました。

企業アカウントを運営する場合も、基本的にはこの考え方になるのですが、現実的に、最初から1ジャンルに絞り、かつ起承転結を練った作品を投稿し続けるのは大変です。

毎日、あるいは2日に1度投稿するくらいがベストと考えると、月に15〜30本の動画は必要になります。すごい数のようですが、企業アカウントを運営する場合、方向性を統一しつつも、ある程度ジャンルに幅を持たせることができます。

実際に私が企画している企業アカウントの例だと、こんな感じです。

- インタビュー動画：5本
- サービス紹介動画：5本
- 「起承転結」動画：5本
- 「#」ではやっている動画：5本
- Vlog動画：5本

合計25本／月

インタビュー動画とは、社長、役員、部長、一般社員の方々に、仕事内容や日常生活についてお聞きし、お話しされている様子を動画にしたものです。

特に社長にお聞きする「なぜこの会社を立ち上げたのか」「今後の経営方針についいて」といった内容はウケがよく、TikTokの企業アカウントを運営するクライアント企業様からの評判も良いです。

サービス紹介動画とは、会社が取り扱うサービスや商品を紹介するものです。単に商品の機能などを紹介するパターンもありますが、効果的なのは商材と絡めた「ノウハウ紹介動画」にすることです。たとえば投資の会社であれば「お金を貯める方法」、ペットショップなら「飼い犬を一瞬で泣きやませる方法」など、その会社だからこそ紹介できるノウハウがあると思います。お役立ち情報は注目を得やすいので、会社の特色を活かしたお役立ち動画が作れれば効果的です。

「起承転結」動画とは先ほど説明した通り、「起」に力をいれたオチのある動画です。

本来はすべてを起承転結動画にするのが理想的なのですが、投稿するすべての動画にオチをつけるのは大変で、現実的とは言えません。25本の動画のうち5本程度は混ぜられるようにしておくのが無難です。

「#」ではやってる動画とは、TikTokの投稿に使われる「ハッシュタグ」に乗っかった動画です。

TikTokでは「ハッシュタグ」を元に、内輪ネタのようなブームが起こることがよくあります。運営が「ハッシュタグチャレンジ」と呼ばれる投稿のお題を用意してくれる場合もあります。いずれにせよ流行には乗っかっていったほうがバズりやすいので、企業アカウントのイメージを崩さない範囲で、はやりの投稿もしていくのがいいです。

Vlog動画とは、ビデオブログ、ビデオログなどと呼ばれる動画ジャンルです。主に日常の風景を、おしゃれなＢＧＭや、コミカルな展開をつけることで作品にしていきます。企業アカウントであれば「社長の日常」「部長が休日に遊んでいる様子」「楽しい社内の様子」などが候補になってくると思います。会社のことを知らない人や、堅いイメージを持つ人に対して、「偉い人も人間味があるんだ」「この会社は雰囲気がよさそう」とわかってもらうために投稿します。いろいろな人の日常を身近に感じられる、ということは、TikTokの大きな強みであり、また視聴者が求めている要素なので、企業アカウントでも積極的にVlog動画を投稿していくことが望ましいでしょう。

企業アカウントを担当する際は、以上のような5種類ほどのジャンルを事前に決めておき、撮影や投稿を行います。

最初の企画・方向決めがアカウントの出来を大きく左右する一方で、最初から完璧にバズる予測が立つわけではありません。動画を投稿していく中で、ウケのいい動画、悪い動画がわかってくるので、いいものはシリーズ化してみたり、悪いものは排除したりして、アカウントの質を高めていきましょう。

お手本にしたい TikTokでバズってるアカウント

このような動画を投稿していくといい、というジャンルをご紹介しましたが、具体的にどのようなものかわからない、という方も多いと思います。そこで、私が普段TikTokを利用する中で見つけた、バズってるアカウントや、伸びているアカウントを紹介していきます。

成功しているアカウントはそもそも見ているだけでおもしろいし（見ておもしろいから成功しているのですが）、自分でTikTokをやっていこうという人にとっては学びも多いと思います。各アカウントの特徴や、バズってる理由をまとめてみたので、TikTokの研究をしたい人は参考にしてみてください。

特に「採用」をしたい企業なら「採用」に成功しているアカウント、といった感じで、自身の目的に近いアカウントを研究するのが効果的です。

例１

- **三和交通＠ＴＡＸＩ会社（@sanwakotsu）**
- **フォロワー数：約13万人**
- **総いいね数：約１９０万いいね**

三和交通は横浜に本社を置くタクシー会社です。

取締役部長の溝口孝英さんと、課長代理の森嶋幸三さんの2人の男性が、特徴的な短いネクタイをつけ、コミカルなダンスを踊る動画が有名です。「TikTokのおもしろいおじさんたち」と若者の間でも話題となり、街を歩いていると話しかけられることもあるとか。企業のイメージも向上し、TikTok経由で「働きたい」という申し出があり、採用につながるケースも増えているようです。

三和交通のアカウントがバズってる理由としては、演者のお二人のタレント性と、いい意味で「気の抜けた」動画構成でしょう。見ているだけで癒やされたり、楽しいと思わせる人柄はある種の才能なので、真似しようと思ってもできるもの

▲三和交通@TAXI会社（@sanwakotsu）さん
コミカルなダンスの動画が若者にも大人気となっている

ではないかもしれません。社内にそのような才能のある人を見つけたら、どの会社でも、積極的にSNSに出演してもらうべきでしょう。

ダンス動画の他に「激辛食を食べてみた」「大富豪やってみた」といった、タクシーと関係ない動画をあげているのもポイント。タクシー会社の「堅そう」なイメージや、取締役部長、課長代理といった役職者の「真面目そう」なイメージを覆したことで、ここまでの評判を獲得できたと思われます。

TikTokでは、人柄や日常をポップに表現し、世間から普段持たれているイメージを変えよう、というモチベーションが重要なのかもしれません。

例2

・さいこぱすかる（@psychopathcal）
・フォロワー数：約36万人
・総いいね数：約1100万いいね

さいこぱすかるは神奈川にあるオイル、自動車グッズ、バイクグッズなどを取り扱うオイル交換専門店のアカウントです。

社長兼店長の男性と、従業員の女性が、お店を舞台に楽しいVlogを投稿しています。「おもしろい社長と、かわいらしいバイトの子がいるお店」と話題になり、TikTokを見て店舗に足を運ぶ人もいるようです。

動画内で求人の情報も公開していたこともあり、TikTok経由で採用につながることもあるそう。ビジネス的な側面で言えば、「集客」「採用」に成功しているアカウントと言えます。

人気の理由は社長の人柄と、バイトの子達も巻き込んだお店の雰囲気の良さ。

▲さいこぱすかる（@psychopathcal）さん
おもしろさと実務面を兼ね備えた、お店が目指す理想的なアカウント

思わず笑ってしまうコント動画や、朝礼・休憩の様子といったVlog動画は、見ているだけで元気をもらえます。

基本的にはおふざけ系の内容が多いのですが、「やりがいがあるけど給料が低い仕事と、やりがいがないけど給料が高い仕事、どっちがいい？」「年収が高い人を友達にすべき？」「年収８００万円以下の人は社会のお荷物？」といった真面目な質問に、ユーモアを交えつつ完璧な回答をしている動画もあがっています。

おもしろさやおふざけで人を元気にさせつつ、集客や採用といった実務面もクリアしている点で、さいこぱすかるは「お店」が目指すTikTokアカウントの理想像と言えそうです。

例3

・鳥羽ビューホテル花真珠（@tobaview）
・フォロワー数：約3万7000人
・総いいね数：約58万いいね

鳥羽ビューホテル花真珠は、三重県にある温泉旅館です。女将をはじめ、個性的な従業員の皆さんがダンス動画を投稿しています。ダンス動画を見て従業員の方々に親しみが湧くほか、撮影場所となっている旅館が常に映り込んでいて、旅館への興味も湧いてきます。

キャラが立っている従業員の方も多くいらっしゃるので、「あの人に会ってみたい」という動機で旅館に足を運ぶ人もいるでしょう。TikTokの「誰でもタレントになれ、ファンがつく」という特性をうまく活かしたアカウントと言えます。

ビジネス的な側面から見れば、「集客」「採用」に成功しているアカウントと言えるでしょう。老舗温泉旅館という「お堅い」イメージを、ダンス動画というポップな投稿で覆しているのも、鳥羽ビューホテル花真珠の注目すべき点です。

「老舗旅館のイメージが崩れるのでは？」という懸念もあったかと思いますが、リスクを取ってでも投稿していくことで、新しい良いイメージが生まれたり、新しいファン獲得につながっていたりする成功例でしょう。

▲鳥羽ビューホテル花真珠（@tobaview）さん
キャラが立っている従業員の方々のダンス動画が魅力

例4

・こまちゃん（@koma1202）
・フォロワー数：約16万人
・総いいね数：約220万いいね

こまちゃんはウェブ制作を手がける株式会社リベルの代表取締役。

優しそうな笑顔が特徴で、社長系TikTokerの代表格です。投稿するのは「社長に聞いてみた」のインタビュー系動画。

社長系TikTokerの中には、あえて「年収が低い人は社会のお荷物」「低学歴は使えない」という内容の投稿をするなど炎上路線をとる人もいますが、こまちゃんはそういう過激な言動もなく、優しい社長といった正統派路線です。

「社員に一番求めるものはなんですか？」「社長が割り箸を3万円で売るなら？」といった社長に関連したトークはもちろん、「ギャンブルで借金する人についてどう思いますか？」「ゆとり世代は失敗だったと思いますか？」といった時事・

社会的な話題も豊富にアップしています。

インタビュー系動画は、「社長」という自身の属性に関するものだけでなく、人気が出てくれれば無限に話題が増やせるのが強い点です。

TikTokのビジネス利用という意味で言えば、会社の認知向上やウェブ制作案件受注に役立てていると推測されます。

▲こまちゃん（@koma1202）さん
物腰のやわらかい優しそうな社長の動画が魅力的

例5

・教えて！南原会長！（@tatsukinambara）
・フォロワー数：約3万9000人
・総いいね数：約30万いいね

教えて！南原会長！は、日本の実業家、南原社長のインタビュー動画などをあげているアカウント。

南原社長は株式会社LUFTホールディングスの代表取締役で、2000年代初頭にはやったテレビ番組、「￥マネーの虎」に出演されていたことでもお馴染み。投稿パターンは南原社長にインタビューして、答えてもらっていくという、社長系TikTokerのオーソドックスなスタイルになっています。内容も「100億円稼ぐには」「南原社長の元自宅について」など、社長に関連した内容になっています。

青汁王子こと三崎優太さんが出演するなど、社長の人脈を活かした投稿も見ら

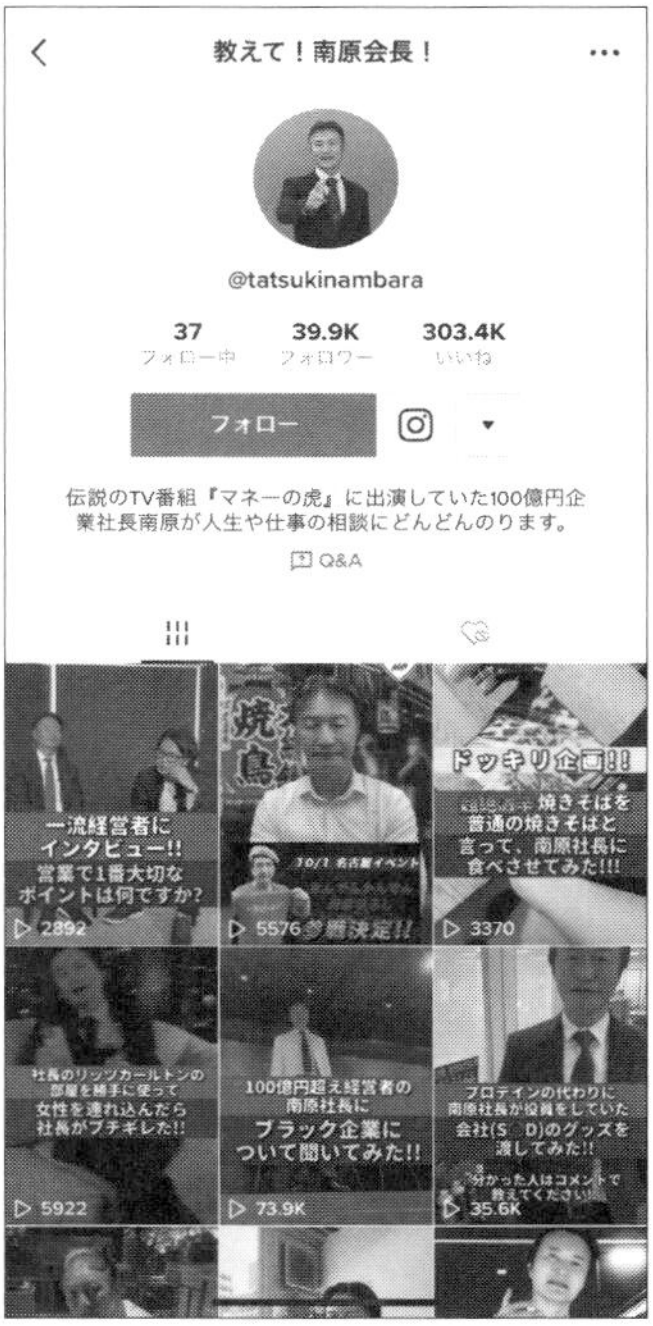

▲教えて！南原会長！
（@tatsukinambara）さん
社長に関連したさまざまな質問に答えてくれる動画がとてもユニーク

れます。有名人とコラボしたり、TikTok内で影響力のある人と一緒に動画に出るというのも、TikTokの有力な動画構成の一つです。

南原社長のようにすでに知名度があったり、有名人と呼ばれる方々も、今続々とTikTokに参入しています。TikTokが次世代のSNSとして、認知されてきている証だと思います。

例6

・100日後にオープンするカフェ（@imaw.o）
・フォロワー数：約1万9000人
・総いいね数：約32万いいね

100日後にオープンするカフェは、古民家を改装してオープンするまでの様子を公開していくアカウント。

投稿している動画は、古民家をリノベーションして店舗の準備をしていくものが中心。社長＝カフェの店長や、部下＝従業員候補の皆さんが出演されています。

「100日後に〜する○○」は、Twitterで一時期大流行した『100日後に死ぬワニ』をもじったアカウント名と思われ、TikTokでプチブームとなっています。

『100日後に死ぬワニ』とは、漫画家のきくちゆうきさんによる作品で、100日後に死んでしまうことが確定しているキャラクター、ワニの日常を綴《つづ》った作品。Twitterに毎日投稿され、死まであと○日、という実況がTwitterユーザーの関心を集めました。

１００日後にオープンするカフェも同様に、オープンまで○日、といった投稿を毎日している様子。

「古民家のリノベーションってどんな感じなんだろう」「開業って大変なのかな」と気になるユーザーがフォローして注視してくれる最初のお客さんでしょう。店がどんどん出来上がっていく様子を公開することで、視聴者に自然と応援したい感情が生まれていきます。

▲100日後にオープンするカフェ（@imaw.o）さん
カフェがオープンするまでの様子がアップされ、見る人の「応援する気持ち」を刺激している

店がオープンすれば、TikTokのフォロワーも店舗に足を運ぶことが予想され、自然な形で集客につなげることができます。

TikTokがビジネス系SNSとして当たり前になるまで普及したあかつきには、飲食店を始めたい人がTikTokアカウントで「100日後にオープンする○○」を投稿していくのが普通になるかもしれません。

ハッシュタグを使ったプロモーション例

さて、いくつか個別の企業アカウントをご紹介しましたが、ハッシュタグを有効に使ったプロモーションを行い、話題になった企業もあります。世界最大規模の化粧品会社、ロレアルグループの日本法人である日本ロレアル株式会社です。

ロレアルグループは「メイベリン ニューヨーク」という化粧品ブランドを展開しており、2020年3月にメイベリンの新商品を発売した際、TikTokを用いたプロモーションを行いました。

具体的なプロモーション内容は、「#落ちないリップチャレンジ」というハッシュタグチャレンジです。

ユーザーが指定のエフェクトを利用すると、リップの色が次々と変わる、キャンペーン専用の動画が投稿できるという企画です。このエフェクトを使った投稿は、まるでメイベリンの新商品を使ったかのような仕上がりになるため、見ている人の購買意欲を高めました。

特徴的なのは、ロレアルはこの「#落ちないリップチャレンジ」を、アジア6カ国で同時展開したことです。

メイベリンの新商品が世界中で販売されたことに合わせ、「#落ちないリップチャレンジ」も、日本、シンガポール、マレーシア、インドネシア、タイ、インドの6カ国で同時に開催したのです。実際にTikTok内でハッシュタグを辿ってみると、アジア系の海外の方も多数投稿されています。

指定のエフェクト利用は6日間で15万回を超え、9万人の参加があったようです。

日本ロレアルのように世界展開するキャンペーンは難易度が高いかもしれませんが、TikTokが日本のみならず世界につながっているSNSであるという特徴を活かした、企業プロモーションの成功例と言えるでしょう。

プロモート機能を使って多くの人に動画を届けよう

TikTokには「プロモート」と呼ばれる機能があり、課金をすることでより多くの視聴者に動画を届けることができるようになっています。

お金を使わずとも、魅力的なアカウントに育て、動画がバズっていくことが理想ですが、時にはプロモート機能を使って拡散したほうがよい場面もあります。

またプロモート機能では「リンク」を貼って視聴者をウェブサイトなどに誘導することが可能だったり、特定の属性のユーザーにピンポイントで動画を届けられたりと、通常の投稿ではできない機能も備わっています。

活用できると便利な機能なので、ぜひ理解して使ってみてください。

まずプロモート機能ですが、通常アカウント、ビジネスアカウント、どちらのユーザーも利用可能となっています。

ただ、動画データの分析はビジネスアカウントのほうが高性能ですし、今後もビジネスアカウント向けに便利な機能が実装されると予想されます。第2章でも解説しましたが、マイページ右上のメニューから選択し、ビジネスアカウントに変更しておきましょう。

次にプロモートの詳細を決めていきます。

大きな流れとして、「宣伝したい動画を決める」「届けたい目的、属性を決める」「金額を決める」となっています。

プロモート機能を使うには、マイページ右上の設定か、各動画の設定（ともに3本の線が並んだマーク）から「プロモート」を選ぶのですが、どちらから進んだとしても流れはほぼ同じです（P118「プロモートの設定方法（1）」参照）。

マイページから進んだ場合は、「どの動画をプロモートするのか」を選択する工程が必要になります。

各動画の設定から「プロモート」を選んだ場合は、その動画が対象となります。

▶プロモート設定の方法(1)

①マイページ画面右上の3本の線をタップ

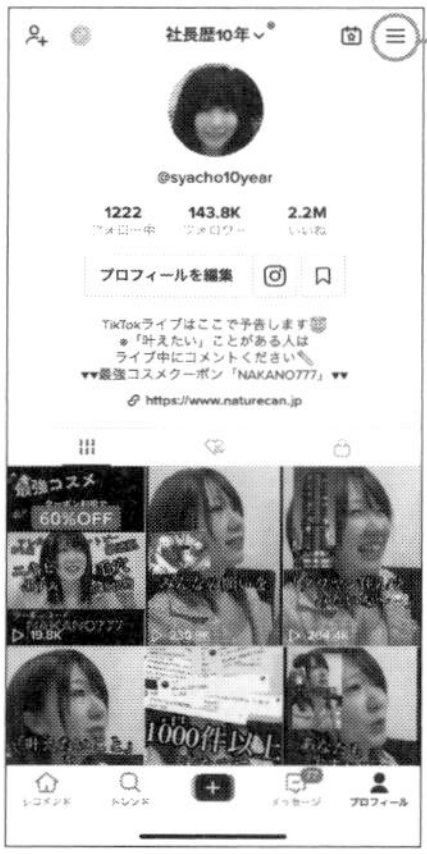

②「クリエイターツール」をタップ

宣伝したい動画が決まったら、次に「届けたい目的、属性」を決めます。

「目的はなんですか?」「オーディエンスを選んでください」といった選択項目が表示されるので、指示の通り選んでいきます(P119「プロモートの設定方法(2)」参照)。

目的とは「動画視聴数増加」「ウェブサイト訪問数増加」「フォロワー数増加」で、ウェブサイト訪問数増加を選ぶとURLを貼ることができます。視聴者からすると、動画に「続きを見る」という表示がされ、ウェブサイトに誘導される状態です。通常の動画投稿ではURLを貼ることができないので、プロモート機能ならではのメリットと言えるでしょう。

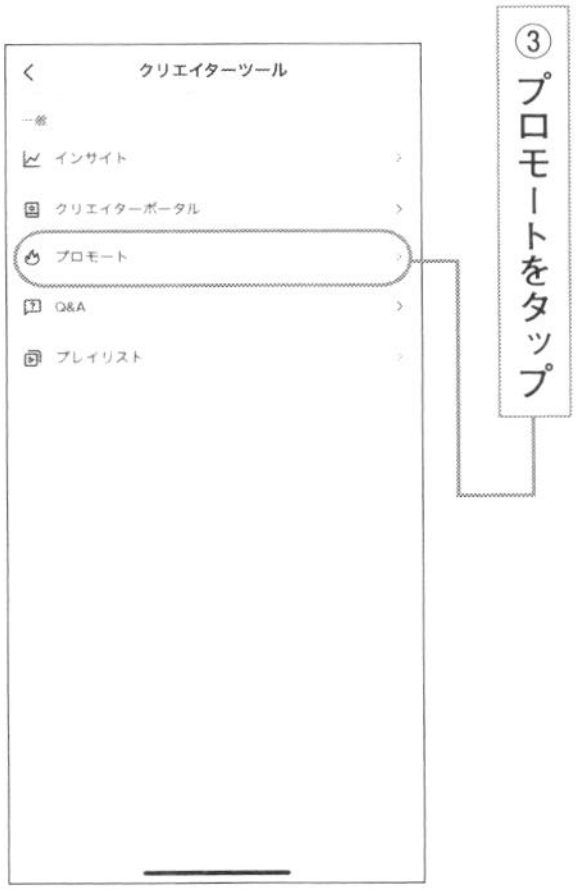

オーディエンスとは動画の視聴者のことで、「自動」を選ぶとTikTokが自動的に設定してさまざまなユーザーに動画を流してくれますし、「カスタム」を選べば性別、年齢、視聴者の興味・関心を自分で設定することができます。

たとえば「女性・25〜34歳・メークアップに興味がある人」に動画を流してほしい、といった設定ができます。明確に届けたい属性が決まっている場合は、「カスタム」から設定してみましょう。

いずれの場合も選択項目が用意されているので、選ぶだけで簡単に設定ができます。

◀プロモート設定の方法(2)

⑤目的を設定する

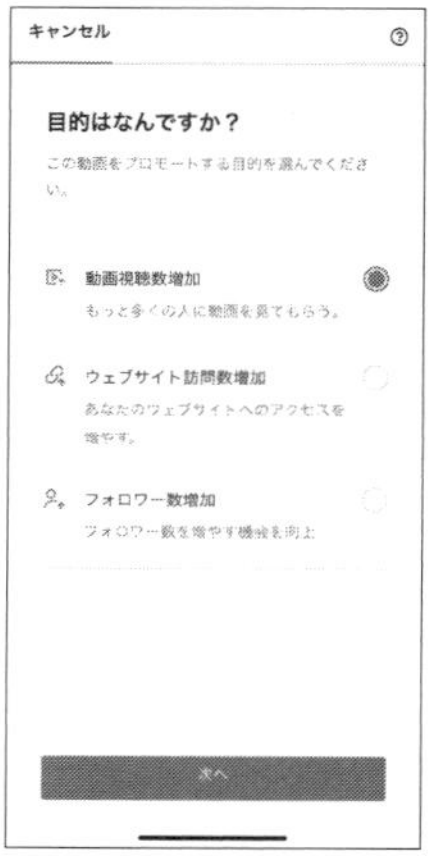

⑥オーディエンスを設定する
TikTokによる自動設定も可能です

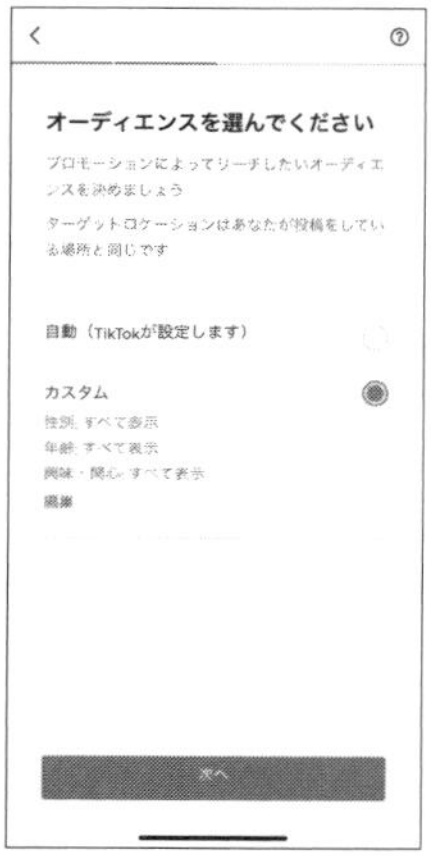

最後に、プロモートにかける費用を決めていきます。

費用は大きく、「1日の予算」と「配信期間」で決まります。

1日の予算が1万円で、3日間流せば合計3万円必要ということになります。

1日の予算が多ければそれだけたくさんの人に届けてもらえるし、期間が長いほど多くの人に見てもらえます。

1日の最低予算は約300円なので、小額から試すことも可能です。

価格はTikTok内の「コイン」で表記されており、決済にはクレジットカードを登録する必要があります（P122「プロモートの設定方法（3）」参照）。

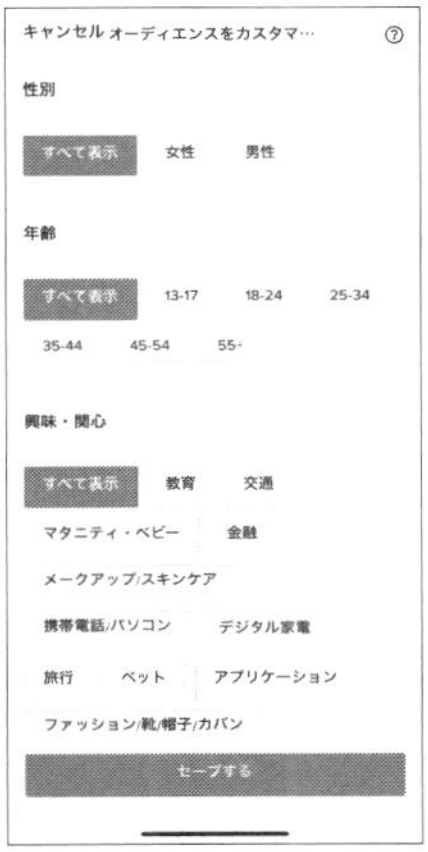

⑦オーディエンスを自分で設定する場合はここで細かく設定します

なお、プロモートとして動画を流してもらう場合には、動画に審査が入ります。動画が不適切と判断されてしまうと、拡散してもらうことはできません。

費用まで決定すると、動画の審査に移り、問題なければプロモートが始まります。

最後に視聴者側から見たプロモート動画の解説をします。

審査を通過し、プロモートとして流された動画は、TikTokの通常の動画の合間に再生されます。

TikTokは動画をスワイプして、次々視聴していくのが特徴ですが、スワイプした

◀プロモート設定の方法(3)

⑧予算を決める1日の予算と配信期間をここで設定します

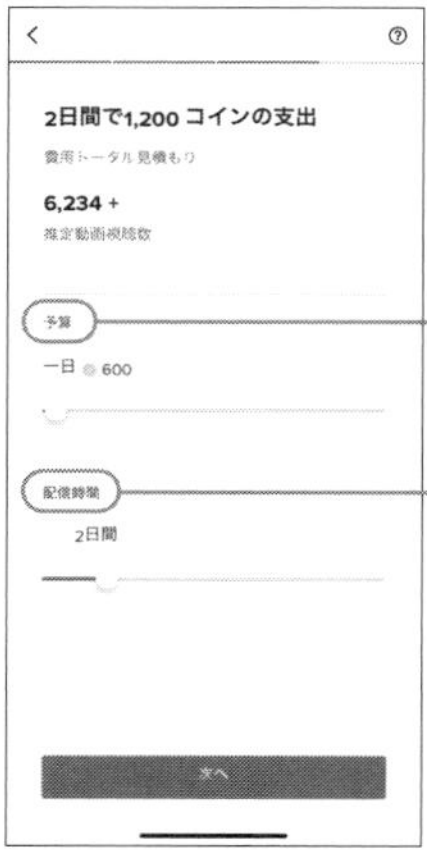

⑨すべて設定したら「プロモーション開始」をタップ

タイミングでたまに「プロモート」された動画が流れてきます。

解説欄に「プロモーション」と表記がありますが、一見すると気づきにくく、通常の動画を見ている感覚でプロモート動画を見ることになります。

広告・宣伝感が薄く、内容がおもしろければ自然に受け入れやすい構造になっています。

また、プロモート動画では、動画の解説欄と、動画が再生され終わったあとに「続きを見る」という項目が追加されていることがあります。

これは広告主が「ウェブサイト訪問数増加」を目的とした場合に表示される項目で、

プロモート動画に興味を持った視聴者はウェブサイトに飛ぶことができます。

TikTokではAIの判断によって、自分の興味のあるジャンルの動画が流れてくるので、広告動画であっても興味を持ちやすいものが多いです。やみくもに宣伝するこれまでのマーケティングに比べると、おすすめされたウェブサイトにアクセスする率は高いと言えるでしょう。

TikTokを「バズらせる裏技」

SNSアカウントというのは、店の良さを知ってもらってお客さんに来てもらう、というのが王道ですよね。ですから、まずはとにかく視聴維持率を高くしたり、バズらせてとにかくアクセスを集めにいったりというのは、手法としては若干邪道になります。しかし、よかれ悪しかれ、この方法に効果があるのも事実なのです。

いわゆる公式アカウントの類を運営されたことがある方の中には、「これこそバズってくれ」という投稿が全然見てもらえない、という、切ないような居心地の悪いような感覚を覚えた経験をお持ちの方もいるのではないでしょうか。わかります。そして、TikTokにも、長く動画を見てもらう、すなわち視聴維持率を高めたり、多くの人からの高評価を得たりして動画を「バズらせる」ためのテクニックが存在するのです。

ネタ的なテクニックは日々はやりすたりもあり、タイミングにも左右されます。いずれにせよ小手先の勝負になってきますので、ここで紹介するにはあまり適していません。この分野は、あくまで「動画のおもしろさ」「方針」「わかりやすさ」といった基本を押さえつつ、最後に考えるべき事項です。

ただ、手法として便利なことには間違いないので、私がTikTokを利用する中で見つけた「裏技」をここで少し紹介します。

まず一つ目は、**「一瞬だけ長文を載せる」**という技です。

画面いっぱいに、一度では読み切れない文章を載せることで、視聴者は「何が書いてあるんだろう」と疑問に思います。動画を止めて文字を読んだり、そのあとの説明に注意深く耳を傾けたりすることで、結果的に動画に長く滞在することになります。

「TikTokの動画評価ＡＩからすると「多くの人が、長く動画に滞在している」という評価になり、高評価を得やすいです。何か伝えたいことがある人は、最初に「一瞬だけ画面いっぱいに長文を載せる」テクニックを試してみてもいいかもしれません。

次の裏技は**「回答はコメント欄で」という投稿パターン**です。

お役立ち系発信者などに多く見られる投稿手法で、最初に視聴者が気になるであろう内容を述べておき、答えはコメント欄に用意しておくことで、視聴者の興味を集めます。

具体例としては、ひょっとしたら見たことがあるかもしれませんが、「副業で100万円稼ぎました」「その方法は、コメント欄に載せてあります」といった具合のものですね。コメントを探すことで、動画の滞在時間が伸び、TikTokのＡＩから、「長く滞在されている動画」と高評価を得やすいのです。

また、その投稿者をフォローすると、コメント欄の一番上に回答が出てくる仕組みを利用し、「回答を知るにはフォローしてコメント欄を見てね」などと誘導することもあります。視聴維持率が高まるだけでなく、フォローも誘導できるため、一石二鳥の手法と言えます。

この方法のデメリットとして、答えを先延ばしにし、視聴者に手間を取らせる、いわゆる「パッと見てわからない」状態になるため、視聴者が抱く印象が悪くなるおそれがあります。つまり、ある程度視聴者に嫌われるリスクを取ってでも、とにかく動画の滞在時間やフォロワー数を獲得したい場合に、試してみるべき手法と言えます。万能ではありません。

最後のテクニックは**「TikTokの指定するジャンルに乗っかる」**という手法です。TikTokでは、私のこれまでの経験上、「ダンス系」「ペット・動物系」「勉強系」などの、重点ジャンルを設定していると考えられます。**TikTokがコンテンツを充実させるために、「この分野を伸ばそう」と指定している「強化カテゴリー」**という感じでしょうか。

これらのカテゴリーに沿った投稿は、あなたにとって拡散したい動画であると同時に、TikTokにとっても拡散したい動画ということになります。したがって、TikTokは積極的にあなたの動画を拡散しようとしてくれます。

あくまで私の経験則から導き出した予想、というか「こんなカテゴリーが強化されているっぽい」という話ですが、TikTokは以下のようなジャンルを用意しているのではないかと思われます。

- ダンス系
- Vlog系
- コント・一発ギャグ系
- かわいい・セクシー系
- ペット・動物系
- 勉強・ノウハウ系
- ハプニング・ちょいグロ系
- スポーツ系
- 商品紹介系
- 時事・ニュース系

より細かく見ていくと、勉強・ノウハウ系には「料理」「ＤＩＹ」「筋トレ」

「メイク」「SNS運用」、商品紹介系には「不動産」「飲食店」「有形商材」「無形商材（サービス）」といった分類があると思います。

コント・一発ギャグ系には「マジック」「パフォーマンス」「ものまね」「アテレコ」といった分類がありそうです。

投稿する際にこれらのタイムリーな「カテゴリー」を意識し、拡散の仕組みにこちら側から乗っかっていくのも一つのテクニックです。

とにかく拡散されるまで繰り返す

ここまでは、どうやって多くの人に動画を見てもらうか、実際のアカウント例などを交えて紹介してきました。私の考える「バズる」戦略は方向性として正しいと自信を持って紹介できる一方で、すべての人のすべての動画がバズるわけではないという現実も理解しています。最初の動画から、となればなおさらです。

私自身、最初からTikTok動画が高評価を得たわけではなく、何度も失敗しながら、試行錯誤を繰り返すことで今のアカウントの形を作っています。一発でSNSを成功させるのは、非常にセンスがあって、とても優秀な人でも難しいことなのです。

最初は動画がウケなかったり、思うように伸びなくとも、それが当たり前だと受け止めて、繰り返し動画をあげていきましょう。特に、**最初の10〜20動画は、うまくいかなくて当たり前**です。ここで心が折れてしまう人もたくさんいます。逆に、**ここで心が折れないというだけで、その人たちよりも上にいくことができます。**

TikTokやその他のSNSに限らず、すべての分野に当てはまることかもしれませんが、**「成功するまで繰り返せば成功する」**という考え方があります。私の尊敬する、成功している経営者も、「成功するまで繰り返せばいい」とよく言っています。別に動画が伸びなくても命まで取られるわけではありません。心さえ折れなければ、何度でもチャレンジすることができます。TikTok動画においても、最初はデータ収集だ、くらいの考えで、伸びなくてもめげずに投稿していきましょう。

図16. TikTokのPDCAサイクル

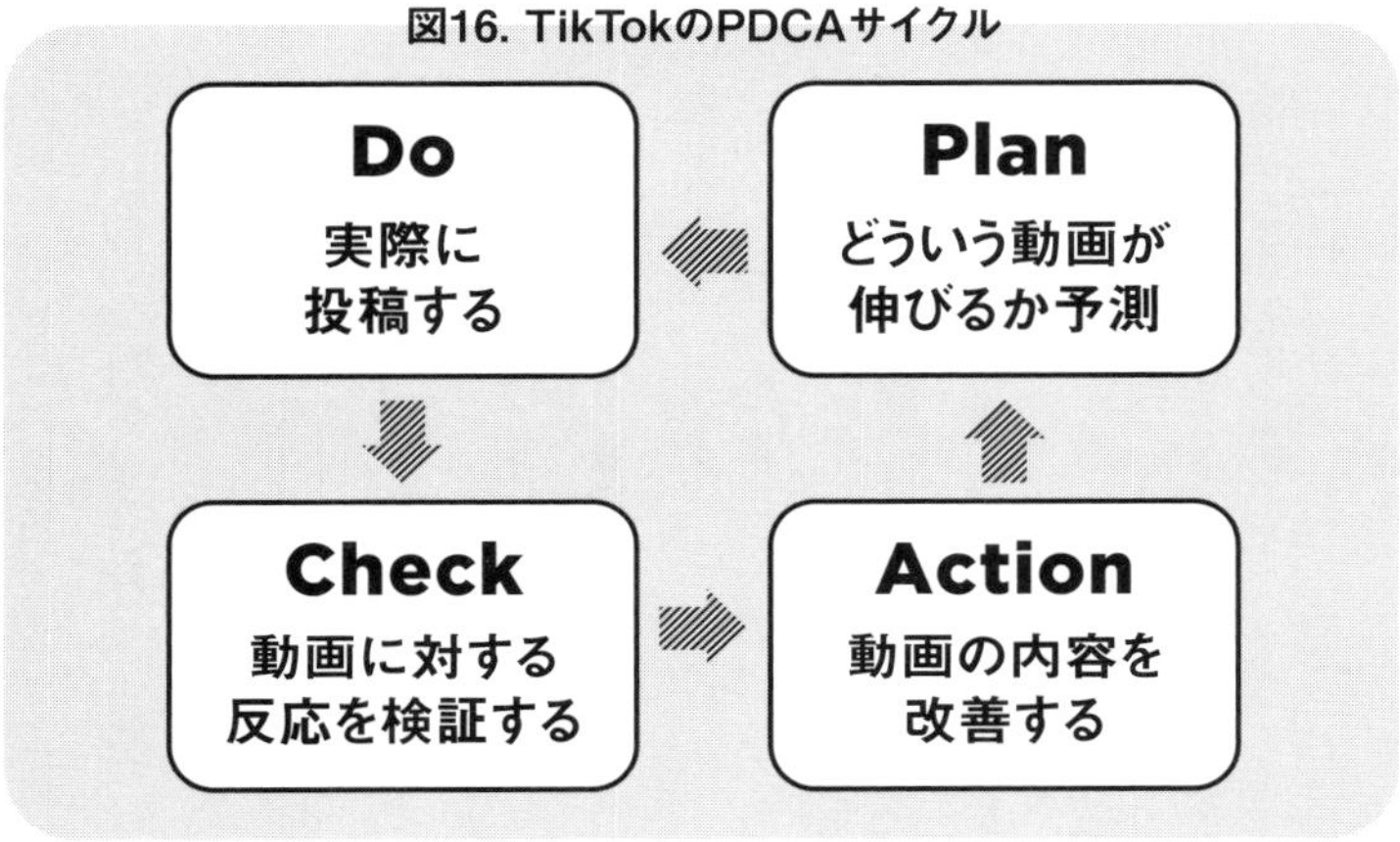

なお、繰り返し動画投稿にトライするときでも、目的や仮説を持って挑むことが重要です。

有名な物事の進め方に「PDCAサイクル」というものがあります。Plan（計画）→Do（実行）→Check（評価）→Action（改善）の頭文字を取ったもので、スポーツや経営、個人の目標達成など、あらゆる場面でこのサイクルは意識されています。

TikTokに関しても同様で、「どういった動画が伸びそうか」予測を立て、実際に投稿し、ウケが良かったか検証するサイクルが必要です。動画のテーマ、投稿内容もそうですし、話し方、テロップの付け方、音声に至るまで、あらゆる要素に気を配って、

PDCAサイクルを回していきましょう。

1ヵ月でTikTokフォロワーを10万人増やした方法

実は、この本を書いている間にも、私のTikTokアカウントのフォロワーが4・7万人↓14・5万人へと、1ヵ月で約10万人増えたので、その時に使った手法や、この間に考えていたことなどをお伝えしたいと思います。

2021年9月、「小さい頃から運が良かった」「自分の嫌いな人によく不幸が訪れた」「有名占い師に守護霊が最強と言われた」といった、私自身の「運」に関する投稿が複数バズりました。

私がこの動画を作る際に意識していたのは「視聴者の動画滞在時間が長く、いいねやコメントが多いほどAIの高評価を得られる」というTikTokの基本、そしてTikTokライブ機能を使ったちょっとした応用の二つです。

TikTokの基本的な仕組みとして、以下のような動画がAIから高評価を得る

（であろう）ということは先にお伝えした通りです。

- **視聴者の動画の滞在時間が長い**
- **いいねが多い**
- **コメントが多い**
- **シェアが多い**

おさらいになりますが、ＡＩから高評価を得ると、多くのユーザーの「おすすめ」欄に表示され、さらに閲覧数や高評価が増えていく、いわゆる「バズ」の状態になるため、発信者は「なるべく動画に滞在してもらい、なるべくいいねやコメントをもらう」ことを意識すべき、ということは前に書いた通りです。

今回の「運」に関する一連の動画も、半ば意図的に上記の条件を満たす作りにしています。

動画の続きを気にさせることで飛ばされないようにするために、特に「起」を意識しながら起承転結を明確にし、TikTokに合わせた、長すぎず短すぎない長さで語りました。たとえばこんな感じです。

動画例

起：小さい頃から運が良くて、不思議だな～と思ってたんだけど、
承：この前有名な占い師と仕事したときに、
転：「あなたに憑《つ》いている守護霊が最強で、さらにあなたも生まれる前から最強」と言われて、
結：『呪術廻戦』の五条悟が頭に浮かんだ
※『呪術廻戦』は人気漫画、アニメ。テーマソングがTikTok内で用いられることも多い。

さらに「アカウントフォローした人から良いことがあったと報告が来た」「まだ良いことが起こってない人は、叶えたいことをコメント欄に書いてから、この動画をシェアしてみてね」と、直接的に「フォロー」「コメント」「シェア」を誘導してみました。

コメントなどをお願いした動画は1万2000以上のいいね、7000件ほどのコメント、5000件を超えるシェアを獲得するバズ動画となっています。

なお、念のために言っておきますが、占い師に最強と言われた話、私の嫌いな人によく不幸が訪れる話、フォローしてくれた人に幸運が訪れた話など、すべて実話です。そして、「シェアしないと不幸が訪れる」といったような、霊感商法みたいなことを言ったわけではもちろんありません。

四つ葉のクローバーを見つけたら幸せが訪れた人がいた、とか、他人にいじわるをしたら自分に返ってくるよ、などという、あくまで「※個人の感想です」というような話です。占いのラッキーアイテムみたいなものだと思ってください。


さらに、今回の動画ではTikTokの基本を押さえるだけでなく、ライブ機能を用いたちょっとした応用編も行いました。

具体的には「動画を投稿した1時間後にライブ配信をする」というテクニックで、以下のような効果が期待できます。

まず、今まで投稿してきた動画が、おすすめに載りやすくなるという効果です。

これは公式に発表されていることではないのですが、体感として、ライブ配信を行っている間は、過去の投稿が伸びやすくなる傾向があるように思います。

ライブ配信をしていると、各動画のアイコンの表示が「ライブ中」に変わります。ライブ中になっているアイコンを見たユーザーは、ライブ配信をやっているならちょっと覗いてみようという気になりますよね。

各動画→ライブ配信への流れを活発にしたいTikTokの運営が、ライブ中の発信者の投稿を多く露出させるアルゴリズムを組んでいる可能性は十分考えられると思います。

実際に私が動画を投稿した1時間後にライブ配信をしてみると、投稿しておいた動画が伸びている、というケースがありました。

もう一つ、ライブ配信中にアカウントを宣伝できるという効果もあります。具体的には、最大で８００人を超える同時接続がありました。

ライブ内で何をしていたかというと、アカウントの宣伝や、フォローのお願いです。

つまり、前のページで書いた予想が正しいとすれば、ライブ中のアカウントの動画は「おすすめ」に載りやすくなるということになりますし、ライブ配信を見てくれて興味を持ってくれた人はアカウントもフォローしてくれるわけです。お互いに相乗効果を得られることになるわけですよね。

画面越しに生でフォローをお願いすると、録画・編集している動画とはまた違った角度から興味を持ってもらえます。この宣伝の効果は高いと感じました。

こうして、投稿しておいた動画がバズる→ライブに多くの視聴者が来る→フォローしてもらう→ＡＩにバズってる発信者と認識される→さらに動画が拡散される、という好循環になり、１日で2万8千人のフォロワーが増える日もありました。

注目されやすい動画投稿と、直後のライブ配信を組み合わせたことが、１ヵ月間に10万人近いフォロワー数を獲得することができた秘訣だと考えています。

皆さんも基本を押さえつつ、しっかりＰＤＣＡサイクルを回してバズる動画を作っていきましょう。

第 3 章まとめ

- ①運用する目的、②届けたいユーザー属性、③ターゲットの年齢層を決める
- 自分が楽しく続けられそうなテーマを選ぶ
- 動画は「起承転結」を意識する
- とにかく「最初の1秒」で興味をもってもらう
- PDCAサイクルを意識して、成功するまで繰り返す

第 4 章

TikTokで
モノを売る

集めた人にどうやって
モノを買わせるのか?

やみくもなPRは逆効果

TikTokに限らず、SNSは世界中で必須ツールとなりつつあります。人が集まる場所にはビジネスチャンスが生まれるため、多くの企業、個人がSNSをビジネスの場として効果を上げようと躍起になるようになりました。

その結果、SNS上には日々大量の宣伝・広告が流れてくるようになりました。一見宣伝に見えない、有名インフルエンサーの日常の一コマも、実は商品レビューをしてほしい企業からのステマ（ステルスマーケティング。宣伝であることが隠された企業案件）だったりします。

大量の宣伝が当たり前となったSNS時代において、またそのような時代になったからこそ、**視聴者は「宣伝される」ことに非常に敏感になっています。**

たとえばYouTube動画を見ていて、途中で流れてくる広告がウザいな、と感じたことがある人は多いのではないでしょうか。YouTubeは宣伝を見たくないユーザーのために、月額課金制で広告を消すサービスを始めたほどです（これは広告宣伝を請け負う媒体として構造的な問題もはらんでいるのですが、ここでは省きます）。

人々がＳＮＳに求めるのは良質なコンテンツ・好きな発信者の日常など、「能動的にでも見たいもの」であって、望んでもいないのに勝手に流れてくる企業の宣伝ではありません。**やみくもにPRを流せば、視聴者の関心を惹けないどころか、「うっとうしい宣伝」として悪いイメージを抱かれてしまうこと**もあるのです。

「何をやっても受け入れてもらえる」状態を目指す

では、そんな状況下で、どのような形の宣伝ならば、より視聴者に受け入れられ、高評価を得られるのでしょうか。私の考える方向性は二つあります。

一つ目は**「属人性を高める」**ことです。

先ほどから何度か説明していますが、ＳＮＳのアカウントに強い愛着を感じてもらえたり、「あの人の動画だから見たい！」と思ってもらえたりすることを、私は「属人性が高い動画」と表現しています。**「この人の関わっているコンテンツだから見たい」という動機が発生している状態**ですね。コンテンツのクオリテ

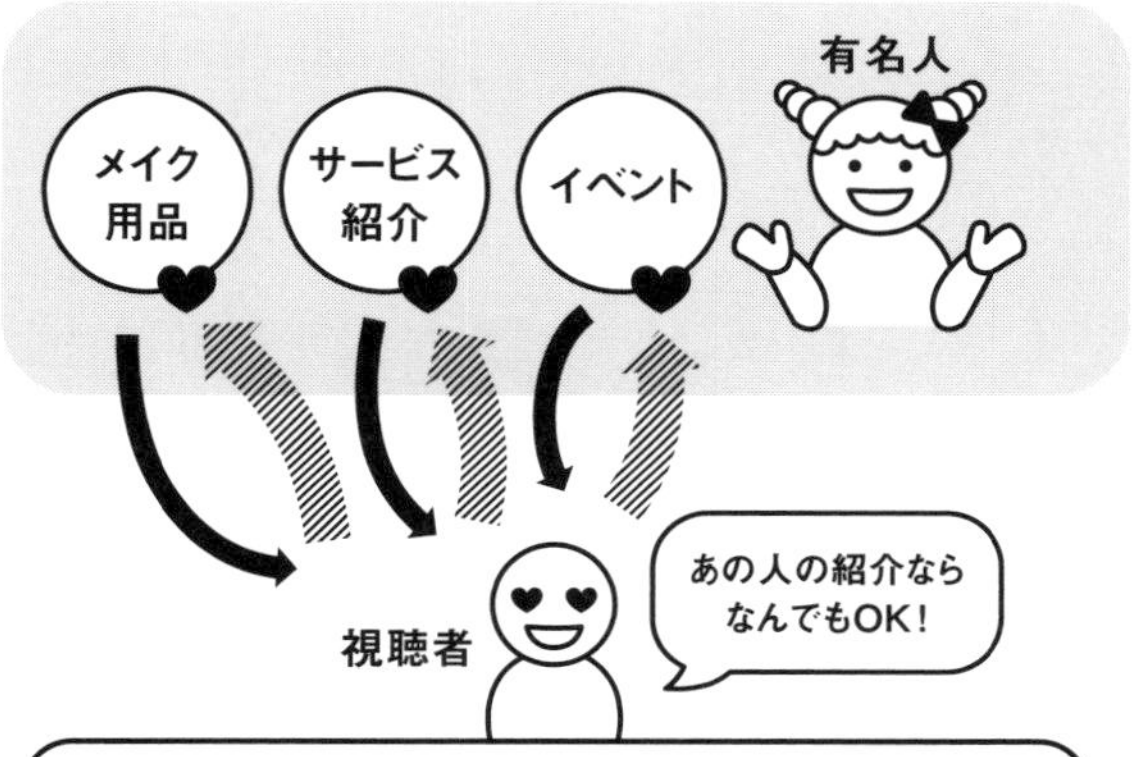

図17.「属人性が高い」と、何をPRしてもOKになる

ィより、誰のコンテンツか、が優先される状態であるとも言えます。マーケティング用語では、顧客ロイヤリティが高い状態、などとも表現します。

高度に信頼・忠誠心を感じるアカウントに対し、視聴者はいわば**「何をやっても受け入れる」状態**になります。有名ミュージシャンや、有名YouTuberの方を思い浮かべてほしいのですが、彼らは大量のファンを抱えており、発信の一つ一つに高評価をもらえます。

商品紹介をした場合でも、よほどイメージとかけ離れた怪しい詐欺まがいの商品でもない限り、大抵は受け入れてもらえるでしょう。**「属人性が高い」状態は、何かを**

PRしたい発信者が目指す最終形態の一つと言えます。

「宣伝らしくない宣伝」で宣伝アレルギーを回避

もう一つ、視聴者に受け入れられやすい宣伝の方向性として、「宣伝と感じさせない宣伝」にするというのがあります。宣伝に視聴者が敏感になっており、見たいコンテンツ以外を避けたがる今、**「広告であっても見たい広告」「それそのものがコンテンツとして成立している広告」**を狙って作ることが挙げられます。

大量の広告・宣伝に日常的に接する現在、視聴者は「ザ・広告」という感じの宣伝に拒絶反応を示してしまうのは前述した通りです。そこで普通の宣伝に飽き飽きしたユーザーを驚かせるような、**「宣伝らしくない宣伝」を作ることが求められています。**

たとえば大手通信キャリア、ソフトバンクのテレビCMに、「白戸家《しらとけ》」シリーズがあります。真っ白な犬のキャラクター、「お父さん」を筆頭に、有名芸能人やスポーツ選手を起用した架空の一家の日常が描かれたCMです。宣伝に特有の

「機能紹介」「キャンペーン告知」というようなシーンは控えめで、短期間で変わるストーリーや毎回の登場人物に、続きがついつい気になってしまう構成になっています。

ソフトバンクのテレビCMのように、宣伝が一つの作品になっていて、楽しんで見ているが実はPRの一環だった、というのは宣伝の理想像の一つと言えます。TikTokでPR動画を作る際も、宣伝臭を極力なくした、「宣伝らしくない宣伝」を目指すことは有効でしょう。

バズってもモノは売れない

発信者が陥りやすい失敗として、とにかくバズればいい、と考えてしまうことが挙げられます。

「単に趣味としてフォロワーを増やしたい」「とにかく知名度を上げてアイドル活動に活かしたい」といった場合はそれでもいいのかもしれませんが、**企業アカウントのように、何かの目的を持ってSNS運用する場合はただバズっただけで**

は効果が薄いのです。

たとえばTikTokでバズってるアカウントに、モノボケや、おもしろい動作の動画を上げる「破天荒」と呼ばれるジャンルがあります。

声を出さず、おもしろい顔や、過激な演出で視聴者を集めることには成功していますが、彼らが「商品紹介」をしたいと思い、突然商品の宣伝を始めたらどうでしょうか。これまで話したことがなかったアカウントの人物が、突然商品の機能紹介を始めたら、違和感が大きいでしょう。まして「何かを買ってください」「サービスを始めてください」と宣伝された場合、視聴者はイメージの変化に戸惑い、途端にシラけてしまうでしょう。

「破天荒な動画」でPVを集めることはある種の成功と言えますが、こと「商品紹介をしたい」「企業案件をPRしたい」となった場合、それまで集めたキャラとしての人気は数字通りに受け取ることができないのです。つまり、いざモノを売りたい、となってから困らないように、**モノを売るためのアカウントには、事前の設計が必要**なのです。

最初から「商品特化型アカウント」を設計する

ではどうしたら「モノが売れる」TikTokアカウントができるか解説します。

モノが売れる（PRできる）アカウントを作ろうとなった場合、「特定の商品を売りたい」「幅広い分野の商品を売りたい」の2パターンが考えられます。

まず「特定の商品を売りたい」とは、化粧品なら化粧品、本なら本といった具合に、最初から売りたい、あるいは宣伝したい商品が明確なパターンです。

売りたい商品が明確な場合は、アカウント立ち上げ当初から積極的に商品紹介するなど、**「ある商品の特化アカウント」を目指していきます。**たとえば化粧品を売りたければ、化粧品のプロとして、おすすめの商品やメイクの仕方、その他豆知識などを投稿していくのがいいでしょう。「化粧品に詳しいアカウントなんだ」と、視聴者に認知・信頼してもらうことが重要です。

モノを売っても違和感がない「キャラ作り」をする

次に「幅広い分野の商品を売りたい」とは、宣伝する商品にこだわりはないが、TikTokアカウントを育てていずれは企業案件などを受けていきたい、という場合です。主にTikTokerとして成功したい個人が当てはまるでしょう。

扱う商品ジャンルにこだわりなく、とにかくPR案件を受けていきたい場合、**「物を売りやすい属人性」を意識することが重要**です。

たとえば私は「社長系TikToker」「営業が得意」というキャラ設定が受け入れられているため、あらゆる企業案件を受けても特に違和感は生まれません。ありがたいことに徐々にファンの方も増えてきており、「中野社長がおすすめするなら使ってみたい」という動機で商品を買っていただけることもあります。

最初からファンを獲得し、好感度の高い動画を作るのは大変ですが、最終目標として意識しながらTikTokを始めることが重要です。ファンを獲得するだけでなく、「営業が得意」などの、モノを売りやすいキャラ設定があればベストでしょう。

また、紹介したい商品にこだわりがない場合でも、「女性向けの商品を宣伝したい」「コスメグッズを宣伝したい」「20代向けのファッションを紹介したい」というように、**なんらかの方向性があったほうがやりやすい**です。**最初からいろいろなジャンルに手を出しても、視聴者に専門性が伝わらず、認知を獲得していくのが難しい**からです。

「ある分野の人」と認識され、ファンが増えてきたら、徐々に紹介するジャンルを広げていきましょう。

まずは「おもしろい」と思ってもらう

モノを売ったりPRをしたりすることができるアカウントになるには、**まず「おもしろい」と受け入れてもらうことが先決**です。

視聴者の立場になって考えてみてほしいのですが、何かを言っているけど意味がよくわからず、スベっているアカウントに何かを宣伝されて、「買いたい」と思うでしょうか？　また、今日初めて出会ったSNSアカウントに何かを宣伝され、信頼して「買おう」と思えるでしょうか？

アカウントがスベっている場合も、関係が浅い場合も、購買にはたどり着かないでしょう。逆に言えば、**SNSでモノを紹介して買ってもらうには、「おもしろい」「信頼できる」といった何かしらの好感度を得る必要がある**のです。

具体的には、商品紹介に特化したTikTokアカウントだとしても、ただ機能紹介をするだけでは不十分です。

「聞いたことのない豆知識」「知らなかった機能」「予想できない効果」など、新しい情報を伝えることができれば、視聴者におもしろいと思ってもらえます。

「紹介動画のストーリーがおもしろい」「感動する展開だった」「紹介の仕方にオチがあって笑ってしまった」など、動画の構成がおもしろい場合も、視聴者のウケは良くなるでしょう。

「声がいい」「動作がおもしろい」「顔がかわいい」といった登場人物の特長も、視聴者に好感を持ってもらえるポイントになります。

いずれにせよ、ただ商品紹介をするだけでなく、何かしらのプラス事項が必要なのです。

便利な知識があるのか、おもしろいストーリーを考えられるのか、はたまた顔がいいのか、自分が活かせる能力をフルに使って「おもしろいアカウント」を目指しましょう。本当にしたかった商品紹介や、PRがうまく機能し出すのは、視聴者に「おもしろいアカウントだ」と認知されてからです。

おばあちゃんにも伝わるくらい丁寧に

商品やサービスを紹介する動画のコツとして、私は**「誰にでも伝わるように」「起承転結を意識して」**動画を作成しています。

「誰にでも伝わるように」とは、たとえば商品のことを知らないおばあちゃんが見たとしても伝わるくらい、最初から丁寧に紹介していくということです。自分が得意な分野などは特に注意が必要で「これくらいのことは誰でも知ってるだろう」と、説明を飛ばしてしまいがちです。

たとえば自分が詳しい分野だと、BとCの説明をする前にAの説明を省いてしまいがちですが、一般の方はまずAのことをよく知らなかったということはよくあります。前提を飛ばすことなく、何も知らない相手に向けた動画構成を考えましょう。

「当たり前のこと」を共有した場合、仮に相手がすでにそれを知っていた場合でも、「やっぱりそうだよな」と認識でき、信頼度が高まるという効果もあります。「こんなにレベルの低いこと言って大丈夫かな？」と恐れることなく、なるべく目線を下げた発信をしましょう。

無駄な「間」を排除する

私が紹介動画を作るときに意識しているのが、極力**無駄な「間」や「セリフ」をカットして、動画をスマートに収める**ことです。

通常の会話では「あー」とか、「えーっと」といったつなぎ言葉が発生してしまいますが（この意味のないつなぎ言葉を「フィラー」といいます）、**これをカットせずにそのままTikTok動画に残してしまうと、視聴者の集中が途切れてしまいます。**

TikTokはショートムービーで、画面をスワイプして次々動画を視聴していくスタイルなので、少しでも飽きられると飛ばされてしまいます。

YouTubeなどの長い動画を投稿するSNSではあまり気にしなくてもいいのかもしれませんが、**TikTokにおいては「間の排除」「テンポの速さ」は超重要事項**です。

TikTokで人気の発信者や、伸びている動画を研究してみると、テンポが速くスマートな語りになっているものが多いです。スマートな展開で最後まで一気に見られてしまうような動画を作ると、視聴維持率と呼ばれる動画の滞在時間も長くなり、TikTokのAIからも高評価を得やすいです。

視聴者のためにも、TikTokの動画評価アルゴリズム攻略のためにも、TikTokでの語りはなるべくスマートにテンポよく、を意識しましょう。

TikTokから他SNSに誘導する方法①　YouTube編

第1章でも少しお話ししましたが、TikTokのメリットとして、TikTok以外の各種ＳＮＳに誘導できる点が挙げられます。

ここではTikTok→各種ＳＮＳに誘導し、TikTok以外の影響力を強化する方法を解説します。

まずTikTokでフォロワーを増やし、YouTubeチャンネルを紹介する方法です。YouTubeはすでに知名度を獲得した動画プラットフォームであり、YouTuberと呼ばれる動画投稿者も多数存在します。これからYouTubeを新しく始めてもチャンネル登録者を獲得するのは難しく、まずTikTokを攻略→YouTubeチャンネルを開設して加速をつける、という流れが一般的になるでしょう。

TikTokもYouTubeも同じ「動画投稿ＳＮＳ」であり、動画の投稿時間など違いもありますが、基本的に相性はいいです。TikTokでショートムービーを見ていたフォロワーが、そのままYouTubeもチャンネル登録してくれる、という展開は作りやすいでしょう。

なお紹介する際は、ただ「YouTube始めました」「YouTube見てください」と宣伝するだけではインパクトに欠けます。

「TikTokはおもしろいけど、YouTubeはどうなんだろう」「YouTubeの◯◯さんも見てみたい」というように、興味を引く工夫が必要になります。

例としては、私の友人、コマTVのコマ社長（@comatv722）が挙げられます。

コマTVでは当初、TikTokにて「社長の年収は？」「ついに年収公開！」といった具合に視聴者を煽《あお》り、盛り上がったところでYouTubeを始め、多くのフォロワーを獲得しました。単に「YouTube始めます」ではなく、「この人は何者なんだ？」「お金持ちそうだけど、収入が気になる」と関心を引いたことで、YouTubeへの流入につなげることができたのです。

またTikTokライブでYouTubeの宣伝をするのも効果的です。

TikTokにはライブ機能と呼ばれる、動画を生配信できる機能があるのですが、その中で「YouTubeチャンネル見てください」と視聴者に協力を仰ぐのです。単なる録画された動画を見るより、ライブ配信で生にお願いされるほうが人の心に響くのか、ライブ配信でYouTubeへ誘導すると反応がいい傾向があります。

さらに、この方法は私が初めて取り組んだ手法だと思うのですが、TikTokライブでYouTubeライブを流すという宣伝方法があります。

TikTokだけでなく、宣伝したいYouTube側もライブ配信をしておき、「今、YouTubeで○○さんがライブしてます」というように、ライブの実況中継をするのです。見ている人からすると、今起きていることを今知ることになり、時間限定の効果もあって、大変注目を集めることができました。YouTubeに飛んだ人がそのままチャンネル登録してくれる場合も多く、YouTubeライブをTikTokライブで流すというのは、一つの有効な戦略だと思います。

TikTokから他ＳＮＳに誘導する方法②　公式LINE編

TikTokから公式LINEにフォロワーを誘導する方法も需要があります。

LINEというと友達や家族などとやり取りする「個人利用」が一般的ですが、企業が宣伝、ＰＲ、ファンコミュニケーションに利用する「企業利用」も増えています。

たとえば飲食店の公式LINEであれば、お店の空き状況を伝えたり、割引のクーポンを配信する、といった具合です。各種ＳＮＳより密なコミュニケーションをとることができ、宣伝の効果も高いことから、公式LINEは多くの企業・飲食店・フリーランサーなどから注目を集めています。

「TikTokから公式LINEに人を誘導したい」というように、公式LINEに関するお問い合わせをいただくことも多いです。

そんな要チェックのTikTok→公式LINEの誘導方法ですが、私はTikTokライブとの相性がいいと思っています。

YouTubeへの誘導にも言えることですが、リアルタイムでTikTokライブを視聴することで、視聴者はお願いを聞いてくれやすいです。

さらに「公式LINEで質問受け付けます」というように、フォロワーとの双方向のやり取りの機会を設けることで、コミュニケーションがとりやすくなる傾向があります。

実際に私が行った公式LINEへの誘導方法は以下の通りです。

① TikTokのフォロワーを伸ばす
② TikTokライブをする

③　TikTokライブで公式LINEを宣伝する

まずTikTokで動画を見てくれる人がいないと意味がないので、フォロワーを増やすことを意識しました。具体的には、２万人くらいまでフォロワーが増えたことで、効果的な宣伝ができる規模になりました。

TikTokのフォロワーが２万人ほどになったら、TikTokライブをしました。

ライブ配信の同時接続人数、すなわち生で動画を見ている視聴者は２００〜３００人ほどいました。

ライブの内容は「公式LINEに登録したら、中野に質問できます」という形式で、公式LINEに登録してくれたフォロワーからの質問に、ライブ配信で答えていきました。ライブ中には背後にホワイトボードを用意しておき、「LINE登録方法」「LINE ID」「質問受付中」などの文言を記載しておきました。

ライブを見ていたTikTokのフォロワーがLINEを追加してくれ、１回のライブで１００人ほどが公式LINE登録してくれました。ライブ視聴者は２００〜３００人だったことを考えると、かなりの割合で公式LINEに登録してくれたことになります。

ポイントはライブ配信で呼びかけたことに加え、**背後のホワイトボードに「LINE登録の手順」を明記しておいた**ことです。

よくある失敗談として、「LINEに登録してね」などと呼びかけるも、どのように、どこから登録していいかわからないという例があります。導線誘導と呼ばれることですが、**視聴者には「何を、どのようにやったらいいのか」を丁寧かつ明確に伝える必要があります。**

プロフィールに公式LINEのURLを貼っておくのが一般的ですが、私の場合はライブ配信中、背後にホワイトボードも用意し、より簡単に登録方法がわかるようにしておきました。文字でずっと映っていれば、どこにいけばいいのかわかりやすいですよね。**「これくらいならわかるだろう」という思い込みは捨て、丁寧すぎるほど丁寧に視聴者に伝えていく姿勢が重要**です。

なお余談として、TikTok→公式LINE誘導がうまいTikTokerに、プロ奢《おご》ラレヤー(@taichinakaj)という発信者がいます。

彼は「奢られて生きていく」という独自のスタンスをはじめ、あらゆる物事を俯瞰《ふかん》的に捉えた「悟り路線」が話題で、フォロワー数は10万人超え。プロフィールには「毎週ライブ配信」などと掲載し、公式LINEで質問を受け付けています。独自の感性やアドバイスを求めてさまざまな視聴者が集まり、その様子を見てさらに人が集まってくる好循環。公式LINEの登録者は６０００人を超えているようです。

彼の場合も、TikTokライブ、公式LINEでの質問・相談受け付けをうまく活用したことで、フォロワーの獲得に成功しています。

TikTokから他ＳＮＳに誘導する方法③ Instagram編

TikTokを活用するとInstagramにフォロワーを誘導することもできます。

Instagramは画像を投稿したり、TikTokのようなショートムービーを投稿するアプリですが、よりおしゃれで、洗練されたコンテンツを共有するプラットフォームになっています。TikTokが学校・職場・休みの日などの「何気ない日常」を共有する場所なのに対して、Instagramでは旅行・グルメ・高額な買い物などの**「特別な日常」を共有する場所**というイメージです。

Twitterの「リツイート」のような拡散機能やTikTokの「おすすめ動画」のような紹介機能はなく、Instagramでフォロワーを増やすのは難易度が高いとされています。「#（ハッシュタグ）」をうまく利用して露出を狙っていくのですが、基本的にはもともと影響力があったり、突出した画像センスがある人のためのSNSと言えるでしょう。

そのためTikTokなどのより攻略しやすいSNSで影響力をつけ、Instagramを宣伝して加速をつける努力が有効と言えます。

TikTok→Instagramに誘導する場合も、TikTok→YouTubeに誘導するときと同じく、「この人のInstagramはどんな感じなんだろう」「どんな投稿がされているんだろう」と興味を持ってもらうことが第一条件になります。

TikTokで完結させず、多角的に売る

TikTokでモノを売る際は、TikTokだけでモノを売ろうとするのではなく、店

舗の宣伝や他SNS、公式HPなども使い、多角的にモノを売っていく姿勢が重要です。

「TikTokでモノを売る」と聞くと、TikTokに商品購入リンクなどを貼り付け、直接的にモノを売っていくことを想像されるかもしれません。

もちろんアフィリエイトサイトのように、TikTokで商品紹介をし、紹介したリンクからモノが売れることもあるでしょう。実際に私が担当した案件で、本の紹介をし、コメント欄にURLを貼り付けてそこから購入につながった事例もあります。

しかしTikTokの一番の強みは、**TikTokだけでモノを売るというより、店舗に誘導したり、他サイトに誘導したりしながら、多角的にモノを売れる点**にあると思います。

たとえば私が紹介したものに、「ナナンマスク」というブランドもののマスクを扱った案件があります。

ナナンマスクを販売する、株式会社ナナンワールド様からのご依頼を受け、マスクの紹介動画を作らせていただき、23万回再生、6400いいねという高評価

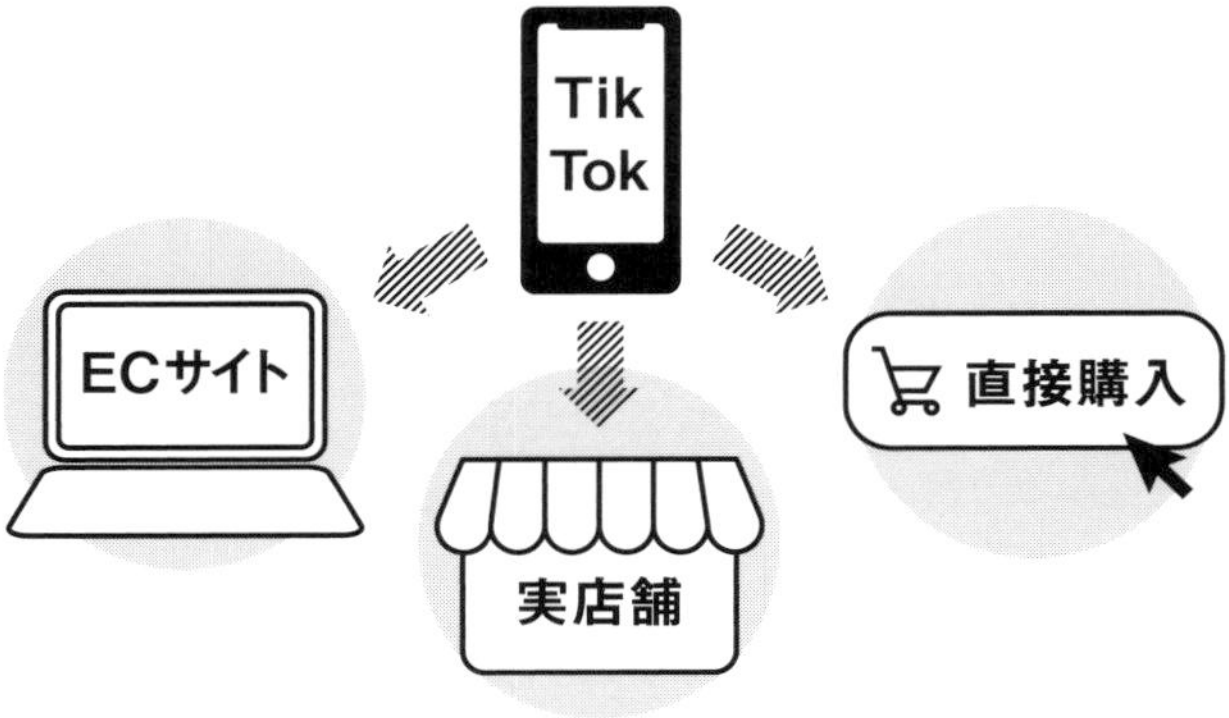

図18. 多角的にモノを売る

を獲得することができました。この動画で意識していたのは、実店舗への誘導と、ＥＣサイトへの誘導の2点です。

ナナンワールド様は銀座に店舗を構えており、お店への集客を希望されていました。また、お店に来られない方、すぐに買いたい方向けにＥＣサイトも用意されており、サイトの宣伝も希望されていました。

そこで動画内では、店舗とＥＣサイトの両方に誘導する構成にし、視聴者の希望に応じてどちらのリンクも踏める形にしました。

視聴者の方から、「中野さんの投稿を見てマスクを買いに行ってきました！」という報告をいただけるなど、反応は上々でした。ナナンワールド様からも、実店舗への集客、ECサイトでの購入、どちらも宣伝の効果があったと、ありがたいフィードバックをいただくことができました。

ナナンマスクのPR案件では、**実店舗やECサイトの紹介を通し、間接的にモノが売れる仕組みを構築した点**に特徴があります。

TikTokに限らずすべてのPRに関わることかもしれませんが、いい商品を作って、売れる仕組みを作り、認知度を高めることが重要です。

いい商品があったとしても、人々に知ってもらわなければなかなか購入にはつながりません。私の知り合いの美術家の方などは、とても技術が高く、優れた作品を生み出すのですが、商品として人に認知してもらえず、苦戦していると聞きます。

TikTokは、いい商品を多くの人に効果的に伝えることができるツールだと思っています。

人目のつかない路地裏においしいラーメン屋さんを開いても、人々に知ってもらわなければ訪れてもらえません。昔はチラシを配るしかありませんでしたが、今はTikTokを使って全世界に発信することができます。

良い商品の良いところを、効果的に知ってもらう「チラシ」の役割として、TikTokは大変有効なツールだと考えています。

「人脈」「仕事」も手に入る

モノを売るという話からは逸れますが、TikTokを通じて新たな**人脈ができ、仕事につながるのも大きなメリットだ**と感じています。

すでにビジネスをされている方と組んで新しいビジネスへ発展させたり、SNS運用コンサルなどのお仕事をいただいたりするためには「人」とのつながりが何より大切なのですが、TikTokを通じて人脈ができることが多いです。

たとえば私は以前エステ企業の宣伝動画をあげたことがあるのですが、その動画を見て、美容事業をされている社長さんからTikTok動画の作り方をコンサルしてほしいという依頼が入りました。

自分の実績をまとめたものを「ポートフォリオ」などと呼びますが、TikTok動画は最高のポートフォリオになります。

案件紹介動画をあげれば、どれくらいおもしろいか、高評価を得たかは丸わかりですし、反対につまらなく、めちゃくちゃスベった場合もすべて公開されてしまいます。特にSNS関連のお仕事を依頼する場合、依頼する側は一目で相手の実力を確認することができます。

おもしろい動画、効果的なPR動画をあげていれば、その動画を見て「自分もお願いしたい」という人が集まってきます。集まってきたお願いをうまくこなせば、また実績が増え、その投稿を見てまた依頼が集まってくる……というような好循環が生まれます。

実名・顔出しで発信した場合、その人の表情や人柄も伝わりやすく、仕事を頼まれるうえでは大きなアドバンテージとなります。

TikTokでいろいろなおもしろい活動をされている方と出会うのは純粋に楽しさもあり、楽しんで発信することでまたおもしろい人が集まってきて、お仕事にもつながる、という大変ありがたい状況になっています。

今までは「人脈」というとリアルの場所で得るものだったのかもしれませんが、今はSNSで世界中の人とつながれます。TikTokもその例外でなく、人脈構築ツールとしても大変有用なプラットフォームだと思っています。

第4章まとめ

- PRをしたいなら「属人性の高いアカウント」を目指す
- 「宣伝らしくない宣伝」を目指す
- 「特定の商品を売りたい」なら、「商品特化型アカウント」を目指す
- 「幅広い分野の商品を売りたい」なら、キャラ設定にこだわる
- 他SNSに誘導するなら、とにかくわかりやすくする
- TikTokで完結させず多角的にモノを売る
- 「モノ」を売るだけではなく、「人脈」「仕事」も手に入る

第5章

TikTokで人の心を掴む

「熱狂的なファン」を生み出すには

「ファン」を作るメリット

根本的な話ですが、そもそもなぜTikTokでファンを増やすといいのか、ということです。一言で言うならば**「できる活動の幅が広がる」**ということに尽きます。

TikTokでフォロワーが増え、認知が拡大することで、これまで出会えなかった人と交流が始まります。街を歩いていても「中野社長ですか？」と声をかけていただくこともあり、ちょっとした有名人のような気分で単純に楽しいです。

フォロワーやファンが増えることで影響力が増すと、「この商品を宣伝してください」といったPR案件を受けることもあります。TikTokが仕事になればうれしいですし、広告主様から「効果があった」「役に立った」と言っていただければやりがいを感じます。

またファンとの交流やPR案件だけでなく、TikTokを通して出会った人とビジネスを始めることもあります。同じTikTokをしている社長とつながりができることで、一緒にできる商売を始めるといった具合です。

ファン交流、ＰＲ案件獲得、人脈の確保、私にとって、どれもがTikTokなしでは達成できなかったことです。

自分を前面に押し出した動画構成にしていると、快く思わない方がいたり、批判が生まれたりすることもありますが、それ以上に「ファンがつくメリット」が大きいので、私はTikTokに挑戦することをおすすめします。

TikTokやYouTubeでファンを作るのがうまい人の例も紹介します。

ファンを作るのがうまいTikTokerの例として、まず修一朗さん（@tuckinshuichi-ro）が挙げられます。フォロワー数約２００万人、総いいね数は約５０００万で、日本のTikTok界を代表するTikTokerです。

動画投稿はVlogと呼ばれる、日常を動画でシェアしていくブログ形式の投稿がメイン。彼の「僕は東京の大学生」から始まる日常動画スタイルは、「私はどこどこのなにに」という形式で、TikTok動画の一つの型にまで発展しました。

修一朗さんにここまでファンがついている理由は、好印象で、とにかく明るい人柄が前面に出ているからだと考えられます。常にポジティブで、明るい発言をし、世間の炎上ネタなどに乗っかることはありません。

一方でTikTokの流行のネタはいち早く取り入れ、「今TikTokではやっている動画」を紹介してくれる存在になっています。

「ぼっち大学生」と卑下しているものの、明るいキャラは誰もが接しやすいため、他のTikTokerからのコラボの提案も受けやすいと考えられます。事実、TikTok上の有名人や、TikTokを飛び越えてYouTubeや、芸能界の有名人とコラボすることも多く、コラボをきっかけにさらに影響力を拡大している印象です。

▲修一朗（@tuckinshuichiro）さん
Vlogメインの投稿が大人気となっている

彼ほどに明るいスタンスで、日常を共有し、ファンがついている状態であれば、もはや「何をやってもウケる」アカウントに育っているので、旅行をしても、案件を紹介しても、歌っても踊っても、なんでもありでしょう。

まさに、TikTokerが目指す、理想的なアカウントと言えます。

TikTokではありませんが、YouTuberとして知られるヒカルさんも、動画投稿でファンを作るのがうまいクリエイターです。

ヒカルチャンネルの登録者数は４４０万人以上、総再生数は30億超え。影響力を生かしてブランドを立ち上げたり、人材斡旋《あっせん》会社を運営するなど、実業家としてもマルチに活躍されています。

彼の人気の理由は、競馬に１０００万円使ってみた、というような豪快な「金持ちYouTuber」企画と、「人気者になりたくてやっている」といったナルシスト路線。10代、20代の若い女性から支持されるだけでなく、高級車やギャンブルといったジャンルの動画には根強い男性ファンも多いです。

ヒカルさん自身のキャラに人気が出る、いわゆる「属人性が高い」状態になっているので、すでに、彼が歌を出そうが、オフ会を開こうが、何をやってもコンテンツになります。ブランドを立ち上げてものを売ったり、PR案件を受けたり、就職を斡旋したりと、なんでもできるアカウントになっており、再生数による広告収入に頼らない、盤石な発信者としての地位を築いています。

ヒカルさんのように人柄や生活にファンをつけ、影響力を起点にさまざまな活動につなげていくのも、発信者が目指す最終目標と言えるでしょう。

ファンを作るのがうまい企業アカウント

さて、個人はもちろんですが、企業のアカウントでもファンを作っていくことは重要です。

TikTokでファンを獲得した企業の例として、株式会社ドミノ・ピザ ジャパンが挙げられます。

株式会社ドミノ・ピザ ジャパンは、日本で最初に宅配ピザ事業を始めた大手飲食会社です。TikTokアカウントも開設しており（@dominos_jp）、フォロワー数は約26万人、総いいね数は約５００万を獲得しています。

投稿する内容は、ピザの制作動画や、はやりの投稿にピザ屋として乗っかったネタ動画などです。

制作動画ではピザの作られる過程を眺めることで、食欲が湧いてきます。単に具材をのせる場面だけでなく、生地をこねる段階など、普段目にすることのできない製造過程を見ることができるのもポイント。

▲ドミノ・ピザ ジャパン（@dominos_jp）のアカウント。多くのファンを獲得している

特に注目すべきはピザ屋として流行動画に乗っかっている、ネタ動画系の投稿で、投稿者のセンスが大変高いです。

たとえばマクドナルドの月見バーガーが話題になった期間には、「ピザ屋の裏アカウント」風に、「ドミノ・ピザの月見に注目してくれてもいいじゃん」といった愚痴を投稿しています。他にもTikTokでバズってる音楽に乗せてピザ動画を投稿するなど、TikTokに寄せた、センスの高い投稿内容となっています。

単に自社の商品を紹介するのみならず、TikTok内のはやりや、SNSでウケるネタ動画も盛り込まれた、レベルの高いアカウントで、しっかりとフォロワーの心を摑み、「ファン」を獲得しているアカウントと言えるでしょう。

フォローしてもらう「付加価値」を徹底的に考える

すでにファンがたくさんついている大手の発信者を除けば、素人がTikTokでファンを作るには、**「見てもらう理由」「フォローされる理由」を意識することが重要**です。

ただのショートムービーではなく、「おもしろい」「役に立つ」といったなんらかの付加価値があることで、ユーザーは動画を見てくれます。次回作が気になれば、フォローもしてくれるでしょう。

誰でも比較的簡単に付加価値を生む方法は、「有用性」を意識することです。有用性とは人の役に立つという意味で、簡単にできる料理紹介、小顔に見えるメイク方法、明日から使える心理テスト・占い・手相診断などが挙げられます。「こんなLINEが届いたら脈あり」といった、小ネタ集のようなものや、「来年○○が起こるかも？」といった都市伝説動画もよくバズっています。私はよく「貧乏だとこんなことが起きる」という体験談を語っていて、聞いた人がおもしろいと思ってくれるためか、ウケがいいです。

ではどうやったら有用性のある、視聴者が「やってみたい」「知っておもしろかった」と思える動画を作れるかですが、私は日常生活の会話にヒントがあると考えています。

カフェや居酒屋などで友達と会った際に、「知ってよかったこと」「友達もやったほうがいいこと」を話す人は多いと思います。自分が体験したり知ってみたりして価値があるとわかったから、友達にもすすめている状態です。

リアルの友達に伝えたくなるエピソードは、動画越しに大勢に語りかけたとしても、相手に響きやすいエピソードです。自分の知り合いや友達を思い浮かべ、その人に伝えておもしろがってもらえそうな話なら、TikTokで動画にしてみましょう。

バズったら数百万回再生されるTikTok、「そんなに多くの人を相手に発信したことないし……」と尻込みする人もいるかもしれませんが、私は**情報発信の基本は1対1のコミュニケーションにある**と思っています。目の前の相手にとって付加価値があり、有用性がある内容かどうか考えて動画を構成するのはいい手だと思います。

「自己開示」して自分を前面に出す

TikTokの動画を作る際に、視聴者の役に立つ「有用性」を意識することも重要ですが、それ以上に大事なのは、**「自分を前面に出していく」**ということです。

たとえば「簡単にできる料理紹介」という内容自体は、有用性があり、誰が話してもためになる内容ですが、**同じ内容でも、誰が、どんな表情で、どんなふうに語りかけているかによって印象はまったく変わります。**そして、この部分こそが人それぞれのパーソナリティが発揮される部分なのです。

繰り返し説明しているように、「その人ならでは」「その人の動画だから見たい」というような状態を、私は「属人性」と表現していますが、ファンを作るために、**属人性は何より重視すべきポイント**になります。TikTok動画の企画から編集・投稿に至るまで、可能な限り「自分」を前面に押し出した構成にしていきましょう。

自分を押し出す、と聞くと、何か大袈裟《おおげさ》なアピールを思い浮かべるかもしれませんが、手軽な方法は「日常の共有」だと私は思います。「今日何を食べた」「どこに行った」「今から○○します」といったように、ありのままの自分の生活を公開していくことで、視聴者は親しみを感じてくれます。

見慣れた顔の発信者が、見慣れた自室で発信しているだけでも、視聴者は安心感を覚えるものです。コミュニケーション方法の基本に「自己開示」というものがあります。自分の状況や、心のうちを相手に知ってもらえればもらえるほど、相手が親近感を抱いてくれるという法則です。

顔も名前も知らない人に比べ、見た目をはじめ、経歴、趣味、目標、最近の生活など、いろいろな側面を知っている人のほうが親しみやすいというのは想像しやすいと思います。

TikTokにおいても、「自己開示」「生活の公開」を意識し、できる限り「自分」という存在を視聴者に知ってもらえるような構成にしましょう。

ただ有用性が高いだけの動画に比べ、ファンのつきやすさが格段に変わるはずです。

属人性と有用性は7対3にする

自分を前面に押し出した、いわゆる「属人性が高い」動画と、個性などは排除し、視聴者の役に立つ「有用性の高い」動画を目指そうという話をしてきました。

この二つの方向性はTikTokアカウントを伸ばすうえで欠かせないのですが、

同時に相反する目標でもあります。今日食べたご飯などパーソナルな話題は、親近感は湧くでしょうが、有用性の面では特に見るべきメリットはなく、反対に何かを解説する動画では個性を出しづらいからです。

そこで私がおすすめするのは、動画の構成で、**「属人性：有用性」を「7：3」の割合にすること**です。

発信者として目指す最終目標は自身に濃いファンがつく状態なので、単なる「役立つアカウント」に終わってしまうのはもったいないです。解説動画の他に、日常をシェアしたり、自身の意見を伝える動画を多めに発信し、属人性の高いアカウントになるように意識しましょう。

また、料理解説だったり、商品紹介だったり、占いの解説だったりしたとしても、個性を混ぜていくことは可能です。その人独特の口調で、表情豊かに発信することで、視聴者は「その人らしさ」を感じてくれます。特有の口癖があったり、決めゼリフがあるような場合も、個性的な動画になりやすいでしょう。

最初は「役立つから」という動機で見ていた動画も、いつの間にか「発信者が気になるから」という動機に変わっていきます。

もともと属人性が低い動画の割合が多くても、「その人らしさ」を発揮していくことで、投稿の割合は自然と属人性の高いものが多くなっていくはずです。アカウント全体を考えたときに、「属人性：有用性」が「7：3」になるように、意識して投稿していきましょう。

なお注意点として、「個性を前面に出す」「属人性の高い投稿者」という状態であっても、あまりに過激なアカウントであった場合には案件などを受けにくく、できることに制約が生まれてしまいます。

TikTokではよく、世間のニュースに乗っかったり、有名人を攻撃したりする形で、視聴者の興味を引く炎上商法が取られています。「物申す系」TikTokerとして炎上すると、確かに爆発的なインプレッションを獲得でき、1動画が数百万回再生されることもあります。

しかしその後、企業から宣伝を依頼されたり、他TikTokerとコラボしてアカウントを拡大したりしていけるかと考えると、なかなか難しいかもしれません。企業は印象の悪い発信者を信頼することができず、自社の案件を任せることをた

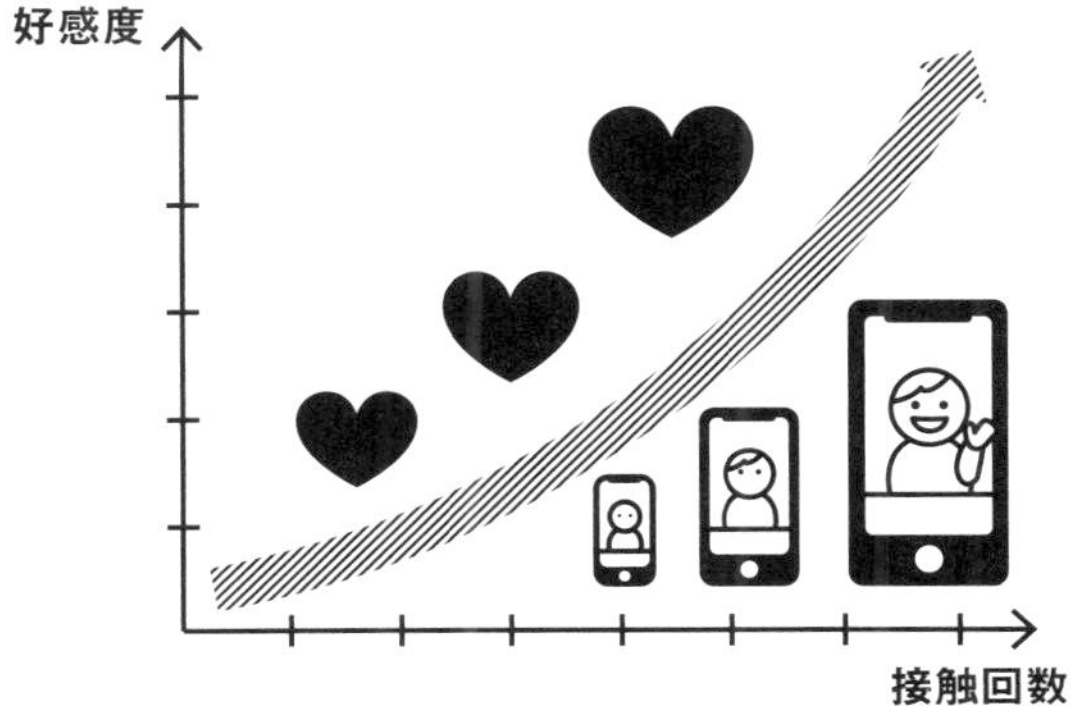

図19. 接触回数が増えるほど、好感度は上がる

めらってしまうからです。これは広告においては全体的にそうですよね。好感度の低い人に企業や商品のイメージを委ねるのは一般的に避けられるものです。

TikTokでファンを獲得し、案件を受けたり、モノを売ったり、採用をしたりなどの目標のある人は、できる限り炎上を避けた路線を取ることが無難でしょう。ごく稀にそういうキャラだから案件を受けられることもありますが、あくまでレアケースと考えるべきです。

毎日投稿し、単純接触効果を狙う

TikTokでファンを獲得するために意識

していることの一つに**「単純接触効果」**というものがあります。

単純接触効果とは、初めは興味がなかったものでも、繰り返し接しているうちに印象や高感度が高まるという効果のことで、アメリカの心理学者ロバート・ザイアンスが論文にまとめたことから、「ザイアンス効果」とも呼ばれます。

よく会う人、いつも食べている料理、何度も聴く音楽など、馴染みのものに対して、人は好印象を抱きやすいということです。テレビCMなどの宣伝も、単純接触効果が応用されていて、何度も繰り返し宣伝を見ることで企業に対するイメージが良くなったり、商品が欲しくなったりします。

「TikTokをはじめとするSNS分野でも単純接触効果は期待でき、ある人の動画を繰り返し見続けることで徐々にファンになる傾向があります。動画投稿者は意図的に毎日投稿し、同じ視聴者に何度も動画を見てもらうのが理想でしょう。

なお、何度も動画を見てもらうには、TikTokの「おすすめ」に何度も載るか、フォローしてくれた人が定期的に見てくれるかの2パターンが考えられます。

全ユーザーに共有されるような「大バズり」はしなくとも、TikTokのAIは優秀なので、好みが合いそうなユーザーに毎回動画を届けてくれます。「おすすめ」機能を攻略し、単純接触効果を狙っていくのが戦略の一つ目です。

もう一つは、フォローしてくれた視聴者に定期的に動画を見てもらう作戦です。

これまで説明してきたように、TikTokでは「おすすめ」の他に、自分のお気に入りのアカウントをフォローして最新の動画をチェックする視聴方法がありま す。YouTubeのチャンネル登録や、Twitter、Instagramのタイムラインに近い機能で、投稿者としてはフォローしてもらえれば定期的に動画を届けるチャンスになります。

自分のことが気になってフォローしてくれた潜在ファン層に対し、高いクオリティを維持した動画を提供し続け、ファンコミュニケーションをするイメージで、積極的に動画を投稿していきましょう。フォローしてくれているユーザー層はそもそも興味・関心が高い状態なので、単純接触効果もより効果を発揮すると考えられます。

一つひとつの動画で「次回作が気になる」状態を作り出し、フォローを誘導し、フォローしてくれた人たちに日々動画を見てもらうというのも、単純接触効果を狙うには良い作戦でしょう。

「好きなこと」を発信するのが続けるコツ

TikTokでファンを増やすのは地道な作業です。

人気投稿者と聞くと華やかなイメージかもしれませんが、**トライアルアンドエラーを繰り返し、自分の型を見つけ、継続して投稿することで単純接触効果によるイメージ向上を目指す必要があります。**土台となるのは「とにかく続ける」ということです。フォロワーが多く人気の高い発信者になる人は必ず地道な積み重ねをしています。

TikTokを続けるコツを聞かれることが多々ありますが、基本的には**「好きなことを発信する」**ということに尽きると思います。**好きでなければまず続きません。**

これは企業アカウントでも同じことが言えます。いくら仕事であっても担当者が興味を持ってやれなければ杓子《しゃくし》定規で事務的な投稿ばかりになり、「属人性」が生まれません。会社のアカウントといえど、担当者の個人アカウントのつもりでやったほうが格段にファンはつきやすくなります。

TikTokの動画投稿パターンは無数にあり、「本人が出演する」「映像と字幕だけで発信する」「ダンスをする」「使える豆知識を披露する」「声を使わずコントする」など、挙げていけばキリがありません。一部の過激な演出を除き、投稿内容パターンには制約がなく、新しい分野の動画も次々と誕生しています。

繰り返しになりますが、TikTokを続けるための最大のコツは、自分が興味を持って、楽しく投稿していけるということです。

ダンスを踊ることに興味がない人が、無理やりダンス動画を投稿しても、動画の質が下がり、やっている人も楽しそうではないので、数字は伸びません。このような状態では動画投稿を継続できないのは想像しやすいと思います。反対に、ダンスが好きで、日々練習して発表する意欲のある人は、誰に強制されることもなく投稿を続けられるでしょう。どんなジャンル・投稿パターンでも構いませんが、何か自分の内側から「やりたい」と思えるような、興味のある分野を見つけましょう。

順番を考えれば、「バズる」内容を考えてTikTokを始めるのではなく、何か表現したいものがあってTikTokを始めるほうが、自然な流れかもしれません。

また、興味を持てたり、自分が「この動画いけそうだな」と思ったりするものは、**とにかく投稿してみることが大事**です。何が当たるかは出してみるまでわからないからです。どんな動画も出してみないことには始まりません。

TikTokの方法論や、「バズる方法」を解説してきましたが、最終的にその動画が世間に受け入れられるかどうかは、結局投稿してみないとわからないのです。少し厳しい言い方かもしれませんが、**「当たるまで何十回でも何百回でも試す」という勢いで、おもしろそうな動画投稿に次々チャレンジしていく姿勢が重要**です。

投稿することで「いいね数」「再生数」「コメント」などのフィードバックを受けることができ、良かった点・悪かった点を改善し、徐々に質の高い動画が完成していきます。

とりあえず投稿することで、思いがけない高評価をもらえることも実際にあります。たとえば私がアドバイスしたＯＬの方で、「会社の愚痴」を語ったら１００回万再生いった、という例があります。たかだか愚痴を語っただけでそこまで反響があるとは本人も思っていなかったようで、「とりあえず投稿する」ことの大切さを感じるエピソードです。

これからTikTokに取り組む人も、「何がバズるかわからない」というスタンスで、あまり悩みすぎず、とりあえず動画投稿にチャレンジしてほしいです。

その際はあくまで「興味のあることを」「楽しんで」行うことを忘れないようにしてください。

第５章まとめ

・ファンが増えれば活動の幅が広がる
・「有用性」を意識して、フォローする付加価値があるアカウントを目指す
・自分を全面に出して、キャラを好きになってもらう
・「属人性」と「有用性」は７対３にする
・毎日投稿し、単純接触効果で好感度を高くする
・興味を持って楽しく投稿する

おわりに

最後までお読みいただき、ありがとうございます。

今回TikTokをビジネス的な側面からまとめた本を出させていただくにあたり、私自身さまざまな再発見がありました。

情報発信の舞台はマスメディアからSNSへ移りつつあり、SNSの中でも文章から動画へ、動画の中でもロングムービーからショートムービーへ移行が進んでいます。

世界的なスマートデバイスの普及や通信技術の高性能化、それに伴うショートムービーの隆盛は今後ますます盛んになると推測され、TikTokはそんなショートムービー全盛時代のど真ん中に位置するSNSです。

SNSを効果的に使えば、個人や中小企業も一躍大きな影響力を持てる時代ですが、その中でもTikTokは、まだ歴史が浅く、参入するチャンスが大きく残されている分野だと感じます。

本にまとめるという作業を通し、TikTokの素晴らしさ、将来性、個人や中小企業がTikTokに挑戦する価値を改めて実感することができました。

繰り返しになりますが、何か夢がある個人クリエイターの皆さん、ビジネスで一発逆転したい中小企業の広報担当者の皆さんは、ぜひともTikTokに挑戦してみてください。

まだTikTokを使ったことがないという方は、とりあえずアプリをダウンロードし、アカウントを開設してみましょう。

ご縁があってこの本を手に取ってくださった皆さんのお役に立て、目標や夢を叶える手助けができていれば、これ以上嬉しいことはありません。

未知の分野であるにもかかわらず、出版という機会をくださった出版社、編集チームの皆さんにも、この場を借りてお礼申し上げます。

最後になりますが、TikTokと読者の皆さんのますますのご発展をお祈りし、あとがきとさせていただきます。

TikTokで人《ひと》を集《あつ》める、モノを売《う》る
世《せ》界一《かいいち》カンタンなSNSマーケティングの教科書《きょうかしょ》

2021年11月30日　初版発行
2022年11月30日　3刷発行

著　者　中野友加里《なかのゆかり》
発行者　小野寺優
発行所　株式会社河出書房新社
〒151-0051
東京都渋谷区千駄ヶ谷2-32-2
電話 03-3404-1201(営業)
03-3404-8611(編集)
https://www.kawade.co.jp/
編集協力　土屋雄太、直本三十六
装丁　小口翔平＋三沢稜(tobufune)
組版・図版制作　北風総貴＋松岡未来(ヤング荘)
印刷・製本　株式会社暁印刷

Printed in Japan
ISBN978-4-309-30017-7
落丁本・乱丁本はお取り替えいたします。